Georg Stadler

DIGITALE SICHERHEIT

W0051870

Georg Stadler

DIGITALE SICHERHEIT

Die praktische Toolbox zum Schutz
von E-Mails, Smartphone, PC & Co.

Bibliografische Information der Deutschen Nationalbibliothek
Die Deutsche Nationalbibliothek verzeichnet diese Publikation in der Deutschen Nationalbibliografie. Detaillierte bibliografische Daten sind im Internet über http://dnb.d-nb.de abrufbar.

Für Fragen und Anregungen:
info@finanzbuchverlag.de

1. Auflage 2019
© 2019 by Finanzbuch Verlag, ein Imprint der Münchner Verlagsgruppe GmbH
Nymphenburger Straße 86
D-80636 München
Tel.: 089 651285-0
Fax: 089 652096

Die im Buch veröffentlichten Ratschläge wurden von Verfasser und Verlag sorgfältig erarbeitet und geprüft. Eine Garantie kann jedoch nicht übernommen werden. Ebenso ist die Haftung des Verfassers beziehungsweise des Verlages und seiner Beauftragten für Personen-, Sach- und Vermögensschäden ausgeschlossen.

Redaktion: Daniel Wiechmann, Tanja Ruzicska
Korrektorat: Manuela Kahle
Umschlaggestaltung: Marc-Torben Fischer
Umschlagfoto: Shutterstock, Liu zishan
Satz: Carsten Klein, Torgau
Druck: CPI books GmbH, Leck
Printed in Germany

ISBN 978-3-95972-234-6
ISBN E-Book (PDF) 978-3-96092-440-1
ISBN E-Book (EPUB, Mobi) 978-3-96092-441-8

Weitere Informationen zum Verlag finden Sie unter

www.finanzbuchverlag.de

Beachten Sie auch unsere weiteren Verlage unter www.m-vg.de

Inhalt

VORWORT

»Die größte existierende Sicherheitslücke ist unsere Bequemlichkeit.«

Liebe Leserinnen und Leser,

der Beginn des Jahres 2019 wurde überschattet von einem großen Daten-Leak, das in Deutschland tagelang für Aufregung sorgte. Sensible Daten und Dokumente von Politikern und Prominenten waren plötzlich für jeden im Netz verfügbar. Und sind es, etwas Recherchewillen vorausgesetzt, noch immer. Zu den veröffentlichten Daten gehörten die Mobilnummern von Politikern wie Martin Schulz, zahlreiche Privatadressen, persönliche Chats, interne Parteidokumente, aber auch Kreditkartendaten, Impfpässe sowie Einzugsermächtigungen für Lastschriftverfahren.

Ging man anfangs im Zusammenhang mit dem Leak noch von einem gezielten Hackerangriff aus, stellte sich schnell heraus, dass die Daten nicht etwa von einem mit allen Wassern gewaschenen Cyberkriminellen oder gar von einem ausländischen Geheimdienst mit unheimlichem Know-how und Spezialwissen beschafft worden waren. Nein, beim mutmaßlichen Täter handelt es sich wohl um einen 20-jährigen Schüler, der mit viel Fleiß und Akribie die wohl größte Sicherheitslücke ausgenutzt hat, die in jedem erdenklichen Fachbereich weltweit existiert: die Bequemlichkeit von uns Menschen.

Der Angreifer hatte sich den Zugang zu Rechnern, Servern, Mail-Postfächern und persönlichen Social-Media-Profilen vor allem durch schlecht gesicherte Passwörter besorgt. Mit Sicherheit wäre die Datensammlung des Täters etwas weniger umfangreich ausgefallen, wenn seine Opfer ein paar einfache Grundregeln beim Schutz ihrer Daten und Nachrichten beachtet hätten. Doch genau das haben sie nicht getan!

Wenig später zeigte die Veröffentlichung der sogenannten »Collections 1–5« – eine Sammlung von mehr als 2 Milliarden (!) Mail-Adressen, dazugehörigen Passwörtern und weiteren Daten –, dass auch Millionen Bürger privat Opfer von Internet-Hacks sind. Auch sie dürften sich zu wenig abgesichert oder sich fahrlässig im Netz bewegt haben.

Dabei gibt es eine ganze Reihe einfacher Regeln und Kniffe, die jeder auf seinem Smartphone und auf seinem PC schnell und unkompliziert umsetzen kann, um die Grundsicherheit seiner Daten deutlich zu erhöhen. Um diese Maßnahmen geht es in diesem kleinen Leitfaden. Sie können sogar gleich während des Lesens damit beginnen, die meisten der von mir vorgeschlagenen Sicherheitsmaßnahmen umzusetzen. Sie werden sehen, so schwer ist es nicht.

Unter *www.hackerimpfung.de* finden Sie weiterführende Informationen und Anleitungen rund um das Thema Datensicherheit.

Viel Erfolg!

München, Januar 2019
Georg Stadler

So funktioniert der Klau von Daten

Nicht nur Bequemlichkeit führt dazu, dass viele von uns ihre Daten nur mangelhaft schützen. Es gibt noch zwei weitere Faktoren: Unwissenheit und Resignation.

Das Thema Datensicherheit ist für sich genommen extrem unsexy. Es erscheint vielen als zu kompliziert und schwer zu verstehen. Also machen sie sich gar nicht erst die Mühe, sich damit zu beschäftigen. Die Folge sind ganz konkrete Wissenslücken in Sachen Sicherheit, dank derer Angreifer ein leichtes Spiel haben.

Außerdem glauben viele, Datenschutz sei ohnehin zwecklos, weil in diesem Bereich eine hundertprozentige Sicherheit nicht möglich sei: Wer immer es wolle, könne auf alle erhobenen Daten zugreifen. Aussichtslos, sich dagegen zu wehren.

Ein solches Denken ist gefährlich. Ja, Daten sind immer hackbar. So wie in jedes Haus eingebrochen werden kann. Doch es macht einen großen Unterschied, ob die Tür des Hauses offen steht oder abgeschlossen ist, ob das Haus eine Alarmanlage hat und ob der wertvolle Schmuck in einem Safe und nicht nur lose in einer Schublade liegt.

Ich bin sicher, dass jeder von Ihnen, bevor Sie aus dem Haus gehen, zumindest die Tür ins Schloss fallen lässt, wenn nicht sogar abschließt. Obwohl Sie wissen, dass ein Einbrecher diese Sicherheitsvorkehrung locker mit einem Stemmeisen bezwingen kann. Doch die geschlossene Tür macht es einem potentiellen Dieb ein bisschen schwerer. Vielleicht sogar so schwer, dass er sich lieber eine leichtere Beute, wie zum Beispiel ein Haus mit einem geöffneten Fenster, sucht.

Jede Sicherheitsmaßnahme, die Sie an Ihrem Smartphone oder an Ihrem PC aktiv umsetzen, erschwert es einem Dieb, an Ihre Daten zu gelangen. Doch wie gehen diese Diebe eigentlich vor?

In der Regel nutzen Datendiebe Schwachstellen in der IT von Telekommunikations-, Software- oder Handels- und Finanzunternehmen aus, um sensible Kundendaten auszuspähen. Diese Daten werden dann entweder an Dritte verkauft oder aber – zum Beispiel im Fall von Kreditkartendaten – von den Dieben selbst missbraucht. Betroffen von solchen Attacken waren bereits namhafte Unternehmen wie Vodafone, Twitter, Adobe oder internationale Banken in der Schweiz, Chile oder den USA.

Damit Sie ein Gefühl dafür bekommen, dass diese Angriffe Sie persönlich betreffen, bitte ich Sie, jetzt sofort jede Ihrer aktuell genutzten Mail-Adressen auf den folgenden Webseiten checken zu lassen:

https://haveibeenpwned.com

Die deutsche Alternative des Hasso-Plattner-Instituts:

https://sec.hpi.de/ilc

Diese Webseiten zeigen an, ob Ihre Mail-Adresse in der Vergangenheit Teil eines entdeckten Hacks war. In der Regel ist es nicht Ihr Mail-Account, der gehackt wurde, sondern ein wenig abgesicherter Online-Account, bei dem Sie Ihre Mail-Adresse eingerichtet haben. Gehören Sie zu den Menschen, die für sämtliche Accounts ein und dasselbe Passwort verwenden, sollten Sie sofort das Passwort für diesen Mail-Account ändern. Tun Sie dies nicht, besteht die Gefahr, dass Hacker einen vollständigen Zugriff auf Ihren E-Mail-Account haben. Selbst, wenn Sie glauben, dass Ihre privaten Mail-Nachrichten keine wertvollen Informationen beinhalten, weil sie nur privater Natur sind, kann Sie der Datenklau teuer zu stehen kommen.

Ihr Mail-Account dient ja nicht nur als Messenger, sondern sehr wahrscheinlich auch als Zugang zu weiteren Accounts wie Zahlungsdienstleistern und Online-Shops. Nutzen Sie auch dort dasselbe Passwort – wie es aus Bequemlichkeit oft der Fall ist –, können sich die Datendiebe dort ohne Problem einloggen. Sind in diesem Online-Shop zusätzlich auch noch Ihre Kreditkarten-Daten oder andere Zahlungsmöglichkeiten automatisch hinterlegt – so eine One-Click-Bestellung ist ja schon sehr praktisch! –, haben die Hacker gefunden, worauf sie von Anfang an aus waren. Richtig, Ihre privaten Gespräche mit Freunden und Familie sind in der Regel für Hacker nicht sehr interessant. Ihre Konto- und Kreditkarten-Nummer dagegen schon.

In welchen Online-Shops sie suchen müssen, erfahren die Hacker übrigens durch Newsletter oder Bestellbestätigungen in Ihrem Postfach. Ich bin mir sicher, dass die wenigsten den Newsletter eines Online-Shops als sensibles Datenmaterial ansehen. Missachtet ein Online-Shopper jedoch einfachste Sicherheitsmaßnahmen und verwendet zum Beispiel immer wieder ein und dasselbe Passwort gepaart mit derselben Mail-Adresse, werden selbst alltägliche Newsletter zur Gefahr.

Ich bitte Sie daher nochmal: Checken Sie all Ihre genutzten Mail-Adressen unter *https://haveibeenpwned.com* oder *https://sec.hpi.de/ilc* und ändern Sie im Falle eines Hacks umgehend Ihr Passwort, sowohl in Ihrem Mail-Account, als auch überall dort, wo Sie möglicherweise Kontoinformationen hinterlegt haben.

• • • • • • •

TIPP: Abonnieren Sie die Nachrichten auf der Seite *https://haveibeenpwned.com*. Dann werden Sie im Fall eines neu entdeckten Hacks sofort informiert und können kontrollieren, ob Sie davon betroffen sind.

• • • • • • •

1.

E-MAIL-SICHERHEIT

Wie zuvor beschrieben, ist Ihr Mail-Account der Schlüssel zu fast allen Internet-Accounts. Sichern Sie ihn richtig ab. Ändern Sie JETZT das Passwort für Ihren Mail-Account und verwenden Sie ein neues sicheres Passwort. Welche Eigenschaften ein sicheres Passwort hat, wie Sie mit Sicherheitsfragen umgehen sollten und welche Möglichkeiten es gibt, Ihre Passwörter professionell zu verwalten, erfahren Sie im Kapitel 2: *Passwort-Sicherheit*. Doch es gibt neben einem starken und möglichst langen Passwort noch andere Sicherheitsmaßnahmen, mit denen Sie Ihren Mail-Account schützen können.

Step 1:
Verwenden Sie einen Mail-Account mit einer Zwei-Faktor-Authentifizierung.

Eine Zwei-Faktor-Authentifizierung stellt sicher, dass der erstmalige Zugriff auf Ihren Mail-Account nicht nur mittels Passwort möglich ist, sondern zusätzlich über eine zweite Maßnahme der Authentifizierung erfolgt. Diese Identifizierung kann beispielsweise über SMS, eine App oder spezielle kleine Geräte, auch »Token« genannt, erfolgen. Sollten Sie das Online-Banking Ihrer Bank nutzen, ist Ihnen das Prinzip bestimmt schon vertraut. Um eine Überweisung zu tätigen, müssen Sie sich nicht nur mit Ihrem Passwort auf der Webseite der Bank anmelden, sondern die Überweisung zusätzlich mit einer TAN-Nummer oder mit einer App freigeben. Besonders sicher wird dieses Verfahren dann, wenn die zwei Authentifizierungs-möglichkeiten (Passwort + TAN) an zwei verschiedenen Orten gespeichert und aufbewahrt werden. Sie sollten daher bei der Zwei-Faktor-Authentifizierung möglichst darauf achten, dass beide Authentifizierungsmethoden physisch voneinander getrennt sind. Beispielsweise, in-dem die 1. Authentifizierung auf Ihrem PC erfolgt, die 2. Authentifizierung jedoch auf Ihrem Smartphone. In der Praxis nutzen die meisten fast nur ein Smartphone, um online zu gehen. In diesem Fall ist die Zwei-Faktor-Authentifizierung meist auf dem Smartphone vereint. Doch selbst wenn die physische Trennung nicht möglich ist, erhöht die Zwei-Faktor-Authentifizierung die Sicher-heit und sie ist immer besser als die alleinige Absicherung mit einem Passwort.

Übertragen auf Ihren Mail-Account entsteht nun fol-gendes Szenario: Hat jemand Ihr Passwort erbeutet und will sich damit von einem anderen PC oder einem ande-ren Smartphone in ihren Mail-Account einloggen, ist dies nur dann möglich, wenn diese Person auch die zweite Authentifizierung kennt. Sprich: Hat der Datendieb nicht auch Ihr Smartphone gestohlen, mit dem Sie jeden neuen Zugriff zum Mail-Account bestätigen müssen, ist der Zu-griff auf Ihren Mail-Account für ihn deutlich erschwert.

In der Regel erfolgt die Aktivierung der Zwei-Faktor-Authentifizierung beim Einrichten Ihres E-Mail-Kontos. Sie müssen dafür meist ihre Mobilfunknummer oder eine alternative Mail-Adresse hinterlegen. Aus eigener Erfahrung weiß ich, dass viele Nutzer sich in diesem Fall lieber für die alternative E-Mail entscheiden. Sie wollen nicht, dass die datenhungrigen Internetkonzerne auch noch ihre Mobilfunknummer kennen. In diesem Fall ist die Angabe der Mobilfunknummer jedoch die bessere Entscheidung, da Sie von einem unerlaubten Login-Versuch unmittelbar erfahren und mit Hilfe Ihres E-Mail-Providers Gegenmaßnahmen einleiten können.

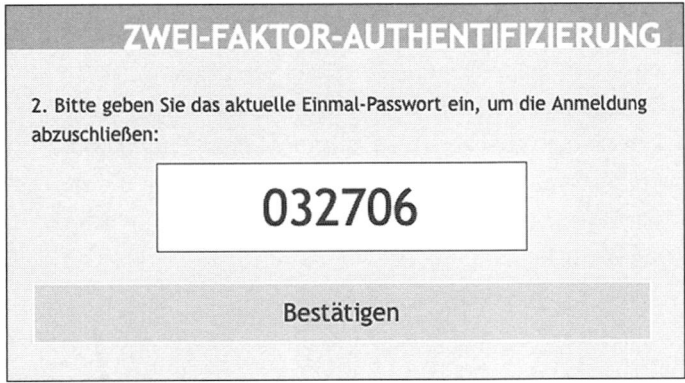

Beispiel für eine Zwei-Faktor-Code-Abfrage

Eine dritte Möglichkeit ist die Nutzung sogenannter Authenticator Apps oder Tokens, wie zum Beispiel dem »Google Authenticator«. Diese Programme werden meist per QR-Code mit dem Account verknüpft und generieren bei Bedarf den zusätzlichen Sicherheitscode.

Ist die Zwei-Faktor-Authentifizierung nicht aktiviert, kann es immerhin noch sein, dass Sie eine Nachricht bekommen, in der nachgefragt wird, ob wirklich Sie hinter uem Login von einem fremden Gerät stecken. Allerdings kann es in so einem Fall bereits zu spät sein, wenn der Angreifer die schwache Sicherung ausgenutzt und das Passwort Ihres Accounts geändert hat.

• • • • • • •

TIPP: Sie müssen diese Zwei-Faktor-Authentifizierung nicht bei jedem Einloggen verwenden, oft lässt sich ein Browser als »vertrauenswürdig« markieren. Hier wird dann nicht mehr nach dem Zwei-Faktor-Code gefragt. Vertrauenswürdig sind aber nur Computer, auf die *ausschließlich Sie* Zugriff haben. Wenn Sie im Urlaub Ihre Mails in einem Internetcafé checken, oder aber bei einem Freund oder im Büro erstmals auf Ihre Mails zugreifen, sollten sie das Gerät nicht als vertrauenswürdig einstufen. Immer wenn Ihr PC mehreren Personen frei zugänglich ist, sollten sie Vorsicht walten lassen.

• • • • • • •

Überprüfen Sie daher jetzt sofort, ob Ihr E-Mail-Provider eine Zwei-Faktor-Authentifizierung anbietet. Tut er das, aktivieren Sie die Funktion wie in der Anleitung Ihres E-Mail-Providers beschrieben. Arbeitet er dagegen ohne Zwei-Faktor-Authentifizierung, sollten Sie über einen Wechsel Ihres E-Mail-Providers nachdenken (siehe Seite 21: *Woran Sie einen guten E-Mail-Provider erkennen*).

In der Regel bieten sämtliche relevanten E-Mail-Provider eine Zwei-Faktor-Authentifizierung an, etwa Microsoft, Apple oder Google. Zwei der großen deutschen

Mailanbieter fehlen allerdings in der Liste: »GMX« und »Web.de«. Leider bieten beide keine Zwei-Faktor-Authentifizierung an (Stand Februar 2019). Aber auch der eigene Facebook- oder Amazon-Account lassen sich mit einer Zwei-Faktor Authentifizierung schützen. Zu finden ist die Zwei-Faktor-Authentifizierung meist in den *Erweiterten Sicherheitseinstellungen*.

Die Aktivierung für alle Ihre wichtigen Konten ist zwar mühsam, erhöht jedoch Ihre Sicherheit signifikant.

Woran Sie einen guten E-Mail-Provider erkennen

Sollten Sie festgestellt haben, dass Ihre alte Mail-Adresse kompromittiert ist, können Sie nicht nur das Passwort oder die Mail-Adresse wechseln, sondern mit einem neuen E-Mail-Provider gleich klar Schiff machen. Mittlerweile gibt es neben den klassischen großen Mail-Anbietern auch kleinere Mitbewerber auf dem Markt, die die Sicherheit Ihrer Kunden besonders ernst nehmen. Allerdings sind diese Dienste meist kostenpflichtig (ab 1 Euro im Monat). Da jedoch auch große Mail-Anbieter Ihre Kunden mittlerweile oft vor die Entscheidung stellen, sich entweder Werbung anzusehen oder für eine werbefreien Mail-Zugang zu bezahlen, ist dies eine Investition, über die Sie nachdenken sollten.

Einen sicheren E-Mail-Provider erkennen Sie zum Beispiel daran, dass er möglichst wenig von Ihnen wissen will. Bei einem Anbieter wie Posteo ist es zum Beispiel möglich, anonym zu bezahlen. Außerdem werden bei der

Anmeldung keine unnötigen persönlichen Daten von Ihnen abgefragt.

Ein sicherer E-Mail-Provider arbeitet zudem mit einer verschlüsselten Mailbox, auf die er selbst keinen Zugriff hat. Vorbildlich ist auch die Veröffentlichung von Transparenzberichten, in denen zum Beispiel Rechenschaft über staatliche Kontrollanfragen abgelegt wird. Eine Zwei-Faktor-Authentifizierung ist bei an Sicherheit interessierten Anbietern eine Selbstverständlichkeit.

Empfehlenswerte E-Mail-Provider mit guten Sicherheitskonzepten sind:

- Posteo.de (kostenpflichtig – Berlin)
- Mailbox.org (kostenpflichtig – Berlin)
- protonmail (kostenpflichtig – Schweiz)
- tutanota (Basisversion kostenlos – Hannover)

Step 2:
Achten Sie beim Einrichten Ihres Mail-Programms auf eine verschlüsselte Verbindung zum Provider.

In der Regel ist eine verschlüsselte Verbindung zum Provider Standard und erfolgt automatisch. Sollten Sie nicht sicher sein, ob Ihr Mail-Programm mit einer solchen verschlüsselten Verbindung arbeitet oder ob Sie die verschlüsselte Verbindung ausgeschaltet haben, prüfen Sie das bitte in den Einstellungen Ihres Mail-Programms nach. Manchmal passiert es ja, dass man bei Problemen mit dem Mail-Empfang oder dem Mail-Versenden in den Einstellungen Veränderungen ausprobiert und dabei aus Versehen auch die Sicherheitseinstellungen herabsetzt. Die Stichworte, auf die Sie bei den Verbindungen achten sollten, sind »STARTTLS« oder »SSL/TLS«.

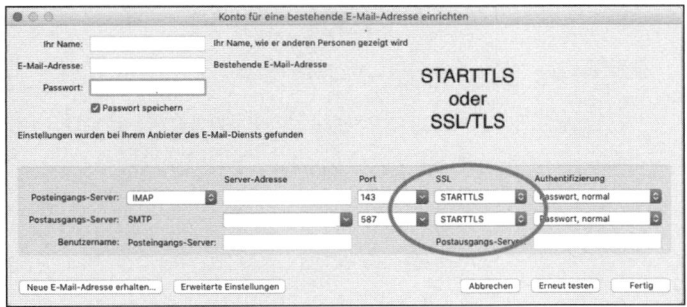

Verschlüsselte Verbindung bei E-Mails am Beispiel von Thunderbird

❗ Eine verschlüsselte Verbindung verschlüsselt lediglich Ihr Passwort sowie Ihren Nutzernamen und sichert den Weg Ihrer Mail vom PC oder Smartphone auf dem Weg zum Mailanbieter. Die Mail selbst oder Anhänge werden nicht verschlüsselt. Sie müssen sich eine Mail immer wie eine Postkarte vorstellen, die jeder, der sie in die Hände bekommt, lesen kann. Es gibt nicht einmal einen Briefumschlag darum, der verhindert, dass die auf der Postkarte notierten Informationen frei zugänglich sind. Es gibt zwar auch Verschlüsselungsprogramme für E-Mails (Stichwort

PGP – »Pretty good Privacy«), allerdings haben sich diese bisher als wenig benutzerfreundlich und für den breiten Einsatz als wenig praxistauglich erwiesen. Möchten Sie vertrauliche Informationen oder vertrauliche Dokumente verschicken, sollten Sie dafür auf einen sicheren Messenger zurückgreifen (siehe Kapitel 7: *Sichere Kommunikation*)

Step 3:
Öffnen Sie keine E-Mail-Anhänge von Ihnen unbekannten Absendern und klicken Sie nicht auf Login-Links in Mails.

Um Rechner oder Smartphones auszuspähen, benutzen Angreifer häufig Schadsoftware. Einmal auf dem Rechner installiert, dient diese Schadsoftware den Angreifern als Einfallstor für Ihre Aktivitäten. Eine beliebte Methode, um Rechner oder Smartphones mit Schadsoftware zu infizieren, ist der Versand von manipulierten Dateianhängen. Klickt man diese an, installiert sich die Schadsoftware unbemerkt und kann fortan im Hintergrund arbeiten.

Bitte gehen Sie daher vorsichtig mit Dateianhängen um. Anhänge aus Ihnen unbekannten Quellen sollten Sie sofort löschen. Auch scheinbar fehlgeleitete Mails, in denen sich vielleicht einen junge Frau für den schönen Abend gestern bedankt und ihrer Nachricht ein Bild zur Erinnerung beigelegt hat, sollte Sie nicht locken, sondern stutzig machen.

> ❗ Sämtliche Dateiformate können und haben in der Vergangenheit Schadcodes enthalten: Word-Dateien, Powerpoint-Präsentationen, Excel-Arbeitsmappen, JPEGs aber auch PDFs und viele mehr. Vermeiden Sie außerdem, auf Login-Links oder sonstige Links in E-Mails zu klicken, wenn Sie diese nicht angefordert haben.

Mittlerweile sind Phishing-Mails oft täuschend echt gestaltet. Anfang 2019 sorgte eine Phishing-Mail für Aufsehen, die überzeugend im Amazon-Look gehalten und sehr gut getextet war. Wer hier unbedacht klickt, tappt in die Falle. Statt auf den Link in einer E-Mail zu klicken, können Sie sich in Ihr Online-Konto händisch über den Browser einloggen und dort nachschauen, ob es wirklich eine Fehlermeldung oder Störung gibt, wie in der Mail beschrieben.

Screenshot einer Phishing-Mail, die Amazon-Accounts erbeuten will

Verantwortungsvolle Online-Anbieter verzichten auf Login-Links durch eine E-Mail. Daher sollten sie bei jeder Aufforderung dazu per Mail sofort stutzig werden.

Step 4:
Schalten Sie in Ihrem Mail-Programm die HTML-Darstellung sowie das automatische Herunterladen von Bildern aus.

Ein Schadcode lässt sich nicht nur relativ leicht in Dateianhängen verstecken, sondern auch in Mails, die das sogenannte HTML-Format benutzen. HTML ist ein Programmiercode, mit dem sich Webseiten strukturieren und gestalten lassen. Viele Newsletter nutzen das Format jedoch auch für eine ansprechende optische Darstellung. Ist diese Art der Darstellung in Ihrem Mail-Programm freigeschaltet, kann es externe Inhalte vom Absender der Mail nachladen. Angreifern ist es auf diese Weise möglich, Schadcode auch mit einer scheinbar ganz normalen Mail zu verschicken und zu installieren. In der Regel ist in gängigen Mail-Programmen die Option, Nachrichten im HTML-Format zu empfangen, automatisch eingeschränkt. Werden dennoch HTML-Mails an Sie verschickt, werden diese dann im ungefährlichen »Nur-Text«-Format angezeigt. Um diese Nachrichten dennoch im HTML-Format zu sehen, müssen Sie dieser Darstellung zuerst explizit zustimmen. Dies sollten Sie nur machen, wenn Sie den Absender für vertrauenswürdig halten.

Nachricht im Mail-Programm: Bilder und externe Inhalte werden nur auf Nachfrage angezeigt.

In der Regel gestatten Sie mit der HTML-Freigabe auch das automatische Herunterladen von Bildern. Diese Option ist den gängigen Mail-Programmen in der Regel ebenfalls inaktiv geschaltet. Belassen Sie diese Einstellungen so und entscheiden Sie wirklich bei jeder Mail, wie sicher und wirklich nötig es ist, Bilder nachzuladen.

Step 5:
Benutzen Sie ein extra Konto nur für Logins.

Eine weitere Möglichkeit, Ihre E-Mail-Kommunikation besser zu schützen, entsteht durch das Anlegen eines zweiten E-Mail-Kontos, das Sie speziell für den Login auf Webseiten oder für Internetdienste verwenden. Diese Mail-Adresse sollte idealerweise keinerlei Hinweise auf Ihre Identität (Name, Adresse, usw.) enthalten. Ihre andere Mail-Adresse verwenden Sie dagegen ausschließlich für Ihre Korrespondenz sowie hochsensible Dienste wie das Online-Banking.

Die meisten Hacks entstehen bei kleinen Dienstleistern, die nicht über das nötige Sicherheits-Know-how verfügen oder die aus Kostengründen und Bequemlichkeit zu wenig in das Thema Sicherheit investieren. Wird dort Ihre Login-E-Mail abgegriffen, ist das zwar ärgerlich, allerdings haben die Datendiebe danach nicht sofort Zugriff auf Ihre gesamte private Kommunikation.

Ich selbst arbeite bereits seit Jahren mit diesem System der für Logins reservierten Mail-Adresse. Klar habe ich im Zuge der Enthüllungen der sogenannten »Collection 1-5« sowohl meine Login-E-Mail als auch meine Korrespondenz-E-Mail auf der Webseite *haveibeenpwned.com* und *https://sec.hpi.de/ilc* geprüft. Während meine Login-Mail – wie nicht anders zu erwarten – kompromittiert war, tauchte meine Korrespondenz-E-Mail glücklicherweise nicht in der »Collection 1–5« auf. Das Passwort für meine Login-E-Mail habe ich natürlich sofort geändert.

2.

PASSWORT-SICHERHEIT

Bevor wir zum Thema Smartphone-Sicherheit kommen, möchte ich noch auf eine der wichtigsten Waffen bei der Verteidigung Ihres digitalen Lebens eingehen: Ihr Passwort. Oder besser gesagt: Ihre Passwörter.

Step 6:
Verwenden Sie für jeden Online-Account ein eigenes Passwort.

Verwenden Sie für Ihre Wohnung, Ihr Fahrrad oder Ihr Auto eigentlich das gleiche Schloss? Warum nicht? Es wäre doch viel bequemer? So wie mit den Passwörtern ... Es ist schon merkwürdig, dass wir uns in der Online-Welt Verhaltensmuster angewöhnt haben, die in unserer realen Welt gar nicht existieren. So wie zum Beispiel die Verwendung ein und desselben Schlüssels (Passwortes) für alle möglichen Schlösser (Accounts).

Noch einmal meine Bitte: Benutzen Sie für Ihren Mail-Account niemals das gleiche Passwort wie für Ihren Paypal- oder Amazon-Account. Denn ist Ihr Passwort erst einmal kompromittiert, sind automatisch alle Accounts gefährdet, die nicht mit einem eigenständigen Passwort gesichert sind.

Ja, es ist aufwändig, sich eine Vielzahl an Passwörtern zuzulegen. Allerdings können Sie in diesem Fall auch auf ein technisches Hilfsmittel wie einen Passwort-Manager (siehe Seite 35: *Step 10*) zugreifen, der Sie dabei unterstützt.

Step 7:
Benutzen Sie als Passwort kein einzelnes Wort, das man auch in einem Wörterbuch finden kann.

Das Wort »Kartoffelsalat« bringt zwar 14 stattliche Buchstaben mit sich und gilt damit von der Länge her als relativ sicher. Da jedoch Wörterbuchabfragen zum Standardrepertoire von Hackern gehören, sind solche Passwörter meist schnell entschlüsselt. Im aktuellen Duden finden sich rund 145000 Stichwörter. Ein guter PC ist in der Lage, in einer Sekunde mehr als zwei Milliarden Passwörter auszuprobieren. Sollten Sie als Passwort ein ganz normales Wort benutzen, dauert es in der Regel nicht einmal eine Sekunde, bis es geknackt ist.

Step 8:
Verwenden Sie ein möglichst langes Passwort, in dem neben Klein- und Großbuchstaben auch Sonderzeichen enthalten sind.

Ein Passwort, das sich lediglich aus sieben beliebigen Kleinbuchstaben zusammensetzt, ist mithilfe einer Brute-Force-Attacke binnen vier Sekunden entschlüsselt. Bei einem Brute-Force-Angriff werden einfach alle möglichen

PIN- oder Passwort-Kombinationen solange ausprobiert, bis die richtige gefunden ist. Besteht das Passwort dagegen aus zehn Kleinbuchstaben, kann die Entschlüsselung bereits mehr als 18 Stunden dauern. Fügt man seinem Passwort nun jedoch nur zwei weitere Buchstaben hinzu, kann eine Entschlüsselung mittels Brute-Force-Attacke bereits anderthalb Jahre dauern. Von 18 Stunden auf anderthalb Jahre mit nur zwei kleinen Buchstaben.

Noch stärker wird Ihr Passwort, wenn Sie zusätzlich auf Großbuchstaben und Ziffern setzen. In einem solchen Fall dauert die Entschlüsselung eines zehnstelligen Passwortes bereits mehr als zwölf Jahre. Sind dann auch noch Sonderzeichen Teil Ihres Passwortes, umfasst die Zeit für die Entschlüsselung bereits fast dreißig Jahre.

Ich hoffe, dass diese Zahlen Sie motivieren, sich ein ausreichend langes Passwort zuzulegen, das sich mindestens aus Ziffern sowie Klein- und Großbuchstaben zusammensetzt. Jede weitere Stelle, um die Sie Ihr Passwort verlängern, erhöht Ihre Sicherheit enorm.

Step 9:
Verwenden Sie eine Passphrase statt eines Passworts (lieber länger als komplizierter).

Wann immer Sie die Möglichkeit haben, eine Passphrase statt eines Passwortes zu verwenden, greifen Sie darauf zu. Was ist eine Passphrase? Vereinfacht gesagt handelt es sich dabei um einen ganz normalen Satz wie zum Beispiel: »Das Pferd frisst keinen Gurkensalat!«. Ein solcher Satz enthält 36 Zeichen, inklusive der Leerzeichen. Er ist daher nur sehr schwer zu entziffern. Ein weiterer Vorteil der Passphrase ist, dass sie sich trotz der Länge oft viel besser merken lässt als eine willkürliche Kombination aus Buchstaben, Ziffern und Sonderzeichen.

Leider gibt es bei vielen Anbietern noch immer eine Beschränkung bezüglich der Zeichenzahl der Passwörter, sodass Sie keine Passphrase erlauben. In der Regel ist dies ein Hinweis darauf, dass dieser Anbieter mit einem veralteten IT-System arbeitet und schon lange nicht mehr in die Kundensicherheit investiert hat. Beschweren Sie sich und mahnen Sie die Einführung einer Passphrase an. Je mehr Kunden dies tun, desto eher werden die Anbieter geneigt sein, moderne und sichere IT-Systeme einzuführen.

Step 10:
Nutzen Sie einen Passwort-Manager.

Wenn Sie, wie ich Sie zu Beginn des Buches gebeten habe, Ihre Mail-Adresse auf den Seiten *https://haveibeenpwned.com* oder *https://sec.hpi.de/ilc/* kontrolliert haben, wird Ihnen vielleicht die Werbung des Sicherheitsanbieters 1Password aufgefallen sein. Dabei handelt es sich um einen sogenannten Passwort-Manager. Mittlerweile gibt es einige Anbieter auf dem Markt. Sowohl kostenpflichtige wie 1Password (ab 2,99 USD im Monat), aber auch kostenlose wie zum Beispiel Bitwarden oder KeePass.

Wie funktionieren Passwort-Manager?
Und sind sie wirklich sicher?

Passwort-Manager erledigen für den Nutzer alle Aufgaben, die ich in den Sicherheitsmaßnahmen Step 6, 7 und 8 aufgezählt habe. Sie legen für jeden Online-Account ein eigenes Passwort an und sie generieren automatisch besonders sichere Passwörter, die lang genug sind und auf Kombinationen von Klein- und Großbuchstaben sowie Ziffern und Sonderzeichen setzen. Die generierten Passwörter legt der Passwort-Manager verschlüsselt in einem Passwort-Safe ab. Dieser Safe ist mit einem sogenannten Master-Passwort gesichert und nur mit diesem zu öffnen.

Selbstverständlich unterstützen Passwort-Manager mittlerweile die Anmeldung in mobilen Apps auf dem

Smartphone ebenso wie die Anmeldung auf Webseiten am PC. Und das auf Knopfdruck. Sollte es einem Datendieb nun gelingen, Ihre Passwort-Datenbank zu entwenden, kann er nur mit dem Master-Passwort auf Ihre Passwörter zugreifen. Gleiches gilt auch, wenn Sie Ihr Smartphone oder Ihren Laptop verlieren sollten. Wer immer Ihr Gerät findet, kann nur mit dem Master-Passwort auf Ihre Anmeldungen auf Webseiten, hinterlegte Kreditkartendaten oder E-Mails zugreifen. Wenn Sie bei der Erstellung des Master-Passwortes die vorangegangen Empfehlungen in den Sicherheitsmaßnahmen Step 7, 8 und 9 berücksichtigt haben, sind Ihre Daten trotz Verlust sehr sicher.

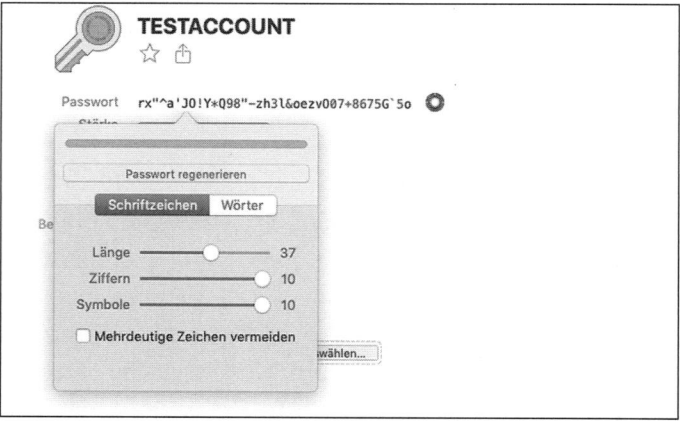

Beispiel für den Passwort-Generator eines Passwort-Managers

Wie sicher Passwort-Manager funktionieren können, zeigt das Beispiel KeePass. KeePass ist nicht nur kostenlos, sondern auch ein Open-Source-Programm. Das heißt, dass der Quellcode, auf dem das Programm basiert, jedem Programmierer öffentlich zugänglich ist. Normalerweise schützen Software-Unternehmen Ihren Quellcode besonders, da erfahrene Programmierer darin nach Schwachstellen suchen und diese – insofern vorhanden – für Angriffe nutzen könnten. Der KeePass-Quellcode wurde jedoch nicht nur von Programmierern aus aller Welt überprüft, sondern auch von IT-Experten der Europäischen Kommission, die für die damalige Version 1.31 ebenfalls keinen Fehler fanden.

Auch die Stiftung Warentest hat in der Vergangenheit Passwort-Manager getestet und die Anbieter LastPass, Keeper Security, Dashlane, F-Secure KEY und True Key mit gut bis sehr gut bewertet. Einige der Anbieter haben zudem die Services von *havibeenpwned.com* integriert und warnen den Nutzer automatisch, sobald einer seiner Accounts bei einem Drittanbieter gehackt worden ist.

Natürlich können auch die Anbieter von Passwort-Managern keine hundertprozentige Sicherheit garantieren. Allerdings leben diese Unternehmen davon, Sicherheit zu verkaufen. Sollten Sie sich für einen Anbieter entscheiden, prüfen Sie regelmäßig, ob es in Zusammenhang mit ihm Nachrichten von einem Hack oder von Sicherheitslücken gibt und achten Sie darauf, wie das Unternehmen damit umgeht.

Step 11:
Lügen Sie bei den Antworten
auf Sicherheitsfragen.

Bei manchen Anbietern müssen Sie, wenn Sie Ihren Account nach zu vielen falschen Anmeldungen wieder freischalten wollen, die Antwort auf eine sogenannte Sicherheitsfrage hinterlegen. Übliche Fragen lauten:

- Wie lautet der Familienname Ihrer Mutter?
- Wie heißt ihr Lieblingshaustier?
- In welcher Stadt wurden Sie geboren?

Im Grunde haben all diese Fragen das Label »Sicherheitsfrage« nicht verdient. In Zeiten, in denen die Selbstdarstellung von jedem von uns in sozialen Medien wie Facebook, Instagram oder Twitter sehr weit fortgeschritten ist, ist es in der Regel ein Leichtes, an derlei Informationen zu gelangen.

Ich bin mir sicher, dass jemand auch in einem persönlichen Gespräch, beim Small Talk auf einer Party die Antwort auf folgende Fragen nicht verweigern würde:

- Hat deine Mutter eigentlich ihren Mädchennamen behalten?
- Hast du Haustiere?
- Wo kommst du eigentlich genau her?

Klar ist die Wahrscheinlichkeit sehr gering, dass jemand einem solche Fragen mit böser Absicht stellt. Aber ich denke, die drei Beispiele zeigen, worauf ich hinaus will. Derart simple Sicherheitsfragen sind nicht sicher.

Oft besteht auch die Möglichkeit, selbst eine Sicherheitsfrage mit Antwort zu hinterlegen. Eine gute Variante. Allerdings sollte man auch in diesem Fall genau überlegen, ob die nachgefragte Information wirklich privat ist.

Wirklich sicher können Sie eine Sicherheitsfrage durch eine ganz besondere Variante machen: eine Lüge. Zum Beispiel so:

Sicherheitsfrage: Wie viel ist 1 + 1?
Ihre Antwort: 10

Auch ein ausgedachter Familienname der Mutter oder ein erfundener, nicht zutreffender Name für das Haustier machen Sicherheitsfragen tatsächlich sicher.

Falls es Sie interessiert, wie schnell ein geschickter Interviewer an Ihr Passwort gelangt, ohne dass Sie es ihm verraten wollen, sollten Sie das folgende Video anschauen. Darin macht der US-amerikanische Entertainer Jimmy Kimmel anhand von beliebig angesprochenen Passanten auf das Phänomen aufmerksam: *https://www.youtube.com/watch?v=opRMrEfAIiI*

3.

SMARTPHONE-SICHERHEIT

Das Smartphone ist für große Teile der Menschheit zum meistgenutzten Alltagsgerät geworden. Es ersetzt in weiten Teilen den stationären PC, den Bankschalter, den MP3-Player, den Fotoapparat, den Kalender und das Adressbuch. Daher ist es nicht verwunderlich, dass im Speicher dieser Geräte die wohl persönlichsten Informationen abgelegt sind, die ein Menschen besitzen kann: Telefonnummern, Adressen, Familienfotos, Rechnungen, Verträge, Rezepte für Medikamente, Unterhaltungen mit Freunden ... Neben diesen ganz konkreten, bekannten Daten, die wir Nutzer unserem Smartphone anvertrauen, erhebt das Gerät selbstständig weitere Daten. Fotos können mit Hilfe der GPS-Koordinaten Informationen über den Aufnahmeort enthalten, per Gesichtserkennung lassen sich die darauf abgebildeten Personen identifizieren. Wer sein Smartphone nutzt, um seine sportlichen Aktivitäten zu erfassen, hinterlegt dort auch Gesundheitsdaten ... quasi unser ganzes (Privat-)Leben ist heutzutage in unseren Smartphones abgebildet.

Ohne Zweifel sind Smartphones praktisch und bequem. Doch die größte Stärke dieser Geräte – das kleine kompakte Format trotz einer Vielzahl an Funktionen – birgt zugleich das größte Risiko. Im Gegensatz zu einem stationären PC oder einem Tablet, tragen wir ein Smartphone stets mit uns. Diebstahl, Verlust oder Unfälle sind bei einem Smartphone sehr viel wahrscheinlicher als bei einem PC oder Tablet, die das Haus viel seltener verlassen. Umso wichtiger ist es, dass Sie Ihr Smartphone und die Daten darauf im Falle eines Verlustes bestmöglich schützen.

Mit dem ersten Schritt können wir gleich jetzt beginnen. Haben Sie Ihr Smartphone mit einem PIN geschützt? Wie viele Zeichen hat er? Lautet er womöglich 0000? Dann haben Sie so gedacht wie der Sänger Kanye West. Der Musiker hatte seinen Code übrigens selbst preisgegeben, als er in einem Meeting mit dem US-Präsidenten vor Kameras live sein iPhone entsperrte und dafür nur sechsmal die 0 antippte – Apple arbeitet mittlerweile im Gegensatz zu Android-Geräten automatisch mit mindestens sechsstelligen PINs.

Das Beispiel von Kanye West sorgte für große Erheiterung in der Presse sowie in sozialen Medien. Es ist jedoch nur ein weiterer Beleg für den Befund, dass die Angst, einen komplizierten PIN-Code zu vergessen, offenbar verbreiteter ist als das Bedürfnis, seine Daten zu schützen.

Sehr beliebt sind auch der Geburts-PIN oder der Hochzeitstag-PIN. Verwenden Sie derlei markante Lebensdaten vielleicht auch, um Ihr Smartphone zu entsperren? Dann sind Ihre Daten alles andere als sicher, denn solche Zugangsdaten können besonders leicht ausgespäht werden. Ein Geburtsdatum ist für jeden zugänglich, mit dem Sie auf Facebook, Xing oder LinkedIn vernetzt sind. Womöglich hat man es sogar selbst in den sozialen Medien mit einem Post verraten. Ebenso wie den Hochzeitstag.

Um die Datensicherheit Ihres Smartphones zu erhöhen, sollten Sie Ihren PIN-Code so sicher wie möglich machen. Wie das funktioniert, erkläre ich in der nächsten Maßnahme.

Step 12:
Benutzen Sie zum Entsperren Ihres Telefons einen längeren PIN, oder am besten ein Passwort, das auch Buchstaben und Sonderzeichen enthält und lang genug ist.

Was schätzen Sie, wie lange eine sogenannte Brute-Force-Attacke dauert, um eine vierstellige PIN zu entschlüsseln, die nur aus Ziffern besteht, wie ihn leider die meisten bei ihrem Smartphone verwenden? Dauert ein solcher Angriff bei einer vierstelligen PIN zwei Sekunden oder zwei Minuten? Sie werden sich wundern. Es sind exakt:

0,000004656612977160804 Sekunden.

Eine ernüchternde Zahl, nicht mal eine hundertstel Sekunde. Doch nun zur guten Nachricht: Sie können die Sicherheit Ihres PINs genau wie beim Passwort signifikant erhöhen, wenn Sie sich nicht auf die automatische Vorgabe Ihres Handyherstellers oder Softwareanbieters verlassen.

Sowohl bei einem iPhone als auch bei einem Android-Gerät ist es in den Geräteeinstellungen möglich, vom vierstelligen PIN auf ein sicheres Passwort zu wechseln. Wie Sie ein solches sicheres Passwort erstellen, haben Sie bereits im Kapitel 2 *Passwort-Sicherheit* erfahren.

Um Ihren PIN zu ändern, gehen Sie auf Einstellungen. Dort tippen Sie auf FACE-ID (Touch ID) und wählen dann die Option Code und dort Code ändern.

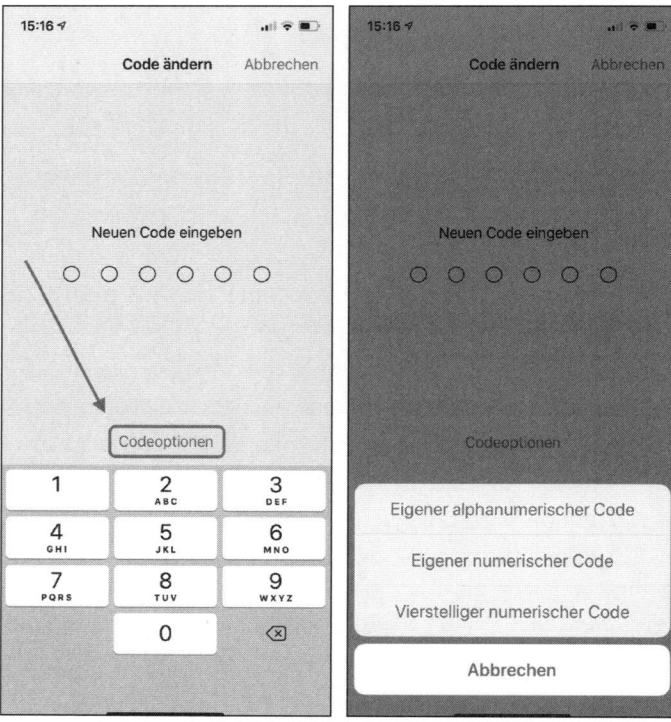

Einstellungsmöglichkeiten für den PIN beziehungsweise das Passwort zum Entsperren des Geräts auf einem iPhone

Unter Android gehen Sie wie folgt vor:

- Öffnen Sie auf dem Gerät die App »Einstellungen«.
- Tippen Sie auf »Sicherheit & Standort«. Wenn »Sicherheit & Standort« nicht angezeigt wird, tippen Sie auf Sicherheit.

- Tippen Sie auf Displaysperre, um eine Methode auszuwählen.
- Wenn Sie bereits eine Displaysperre eingerichtet haben, müssen Sie Ihre PIN, Ihr Muster oder Ihr Passwort eingeben, bevor Sie eine andere Sperrmethode auswählen können.
- Tippen Sie auf die gewünschte Methode für die Displaysperre. Folgen Sie der Anleitung auf dem Bildschirm.

Wenn Sie die Einstellungen für die Displaysperre ändern möchten, Tippen Sie neben Displaysperre auf das Zahnradsymbol. Zu den Einstellungen gehört eine automatische Zeitsperre, eine Sperre für die Ein-/Aus-Taste und eine Sperrbildschirmnachricht.

Nun haben Sie folgende Auswahlmöglichkeiten:

- **Muster:** Sie schützen Ihr Smartphone mit einem gezeichneten Muster. (Siehe auch Seite 48: *Step 13*)
- **PIN:** Sie schützen Ihr Smartphone mit einer mindestens vierstelligen PIN. Je länger die PIN ist, desto besser ist in der Regel der Schutz.
- **Passwort:** Sie schützen Ihr Smartphone mit einem selbstgewählten Passwort, das aus Buchstaben und Ziffern bestehen kann. Ein starkes Passwort ist die sicherste Displaysperre.

Wählen Sie hier am besten die letzte Möglichkeit.

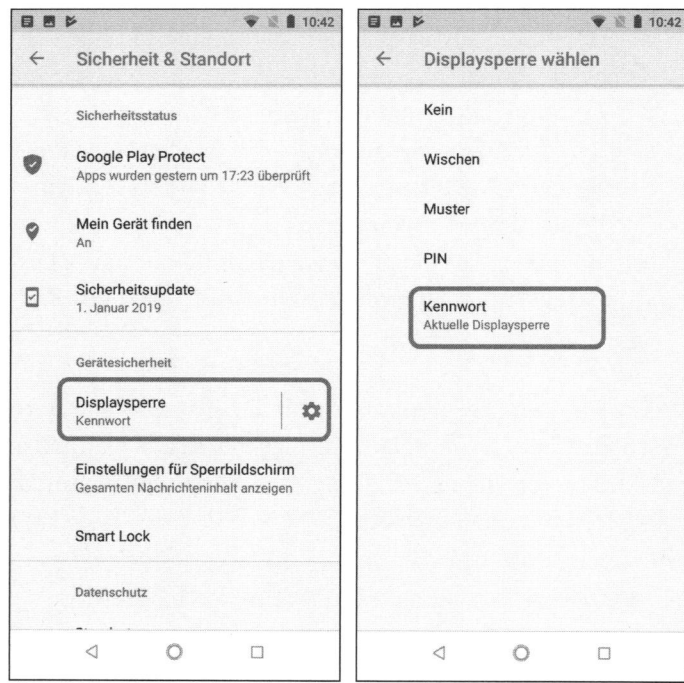

Verwenden Sie auf jeden Fall die Displaysperre und sichern Sie diese am besten mit einem Kennwort oder einem langen PIN (Android).

Step 13:
Verwenden Sie keine Entsperrmuster für den Zugriff auf Ihr Smartphone.

Ich rate Ihnen dringend von der Verwendung von Entsperrmustern beim Freischalten Ihres Smartphones ab.

Schon ein Blick über die Schulter reicht meist aus, um sich das verwendete Muster einzuprägen.

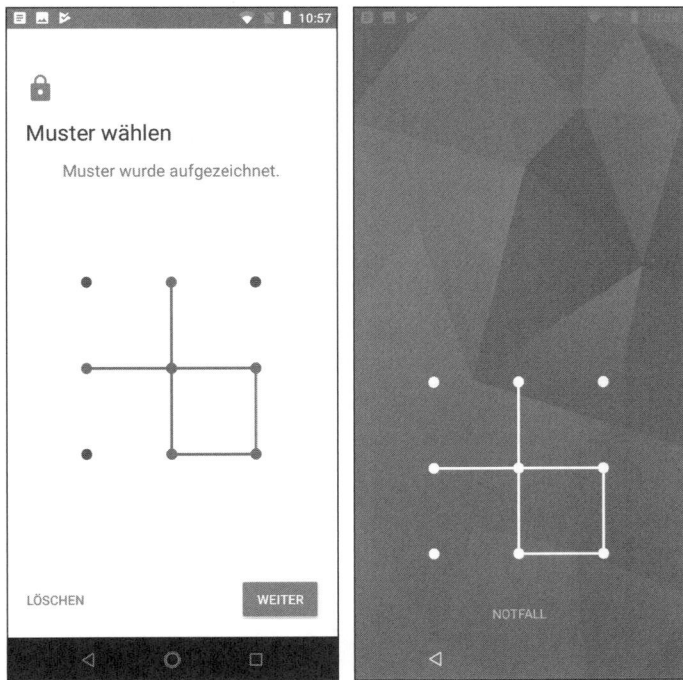

Entsperrmuster auf Android-Telefonen bitte vermeiden

Hinzu kommt, dass die meisten Nutzer aus Bequemlichkeit besonders eingängige und leicht zu merkende Muster verwenden. Dadurch wird die Schutzfunktion, die ein solches Entsperrmuster haben soll, genauso konterkariert wie mit dem legendären Passwort, das einfach nur »Passwort« heißt.

Step 14:
Verlassen Sie sich nicht vollkommen auf biometrische Sicherheitsmaßnahmen.

Biometrische Sicherheitsmaßnahmen wie der Fingerabdruck oder die Gesichtserkennung sind ein guter Schutz, allerdings nicht unfehlbar. Experten ist es bereits gelungen, Fingerabdrücke aus hochauflösenden Fotos zu extrahieren und die Gesichtserkennung mit Fotos zu überlisten. Informieren Sie sich, ob Ihr Smartphone-Modell zu den Geräten gehört, die in der Vergangenheit bereits überlistet wurden.

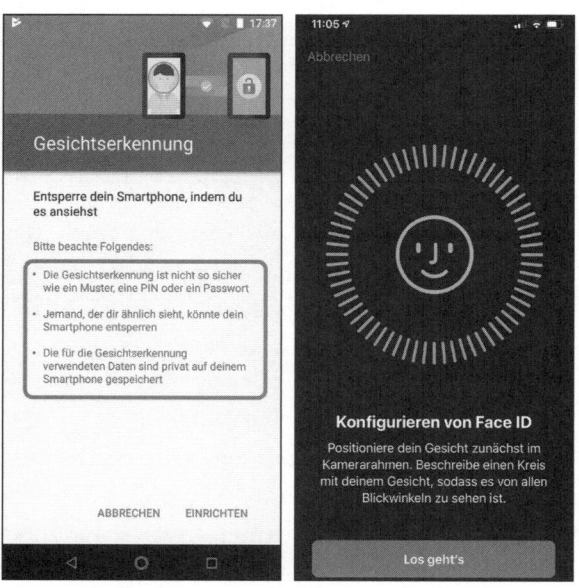

Entsperren mit biometrischen Merkmalen bei Android und iOS

Step 15:
Aktivieren Sie an Ihrem iPhone die Löschfunktion nach zehn falschen Login-Versuchen.

Sollten Sie ein iPhone besitzen, aktivieren Sie bitte die Löschfunktion nach zehn falschen PIN-Eingaben. Mit dieser Funktion stellen Sie sicher, dass ein Dieb nur zehn Versuche hat, um Ihr Smartphone zu entsperren und auf alle Ihre Daten zuzugreifen.

❗ Ist diese Löschfunktion aktiviert, sollten Sie unbedingt über ein Daten-Backup verfügen (siehe Seite 65: *Step 20*), sonst sind Ihre Daten für immer verloren.

Gehen Sie in Einstellungen auf Face-ID (Touch ID) und Code und scrollen Sie nach unten:

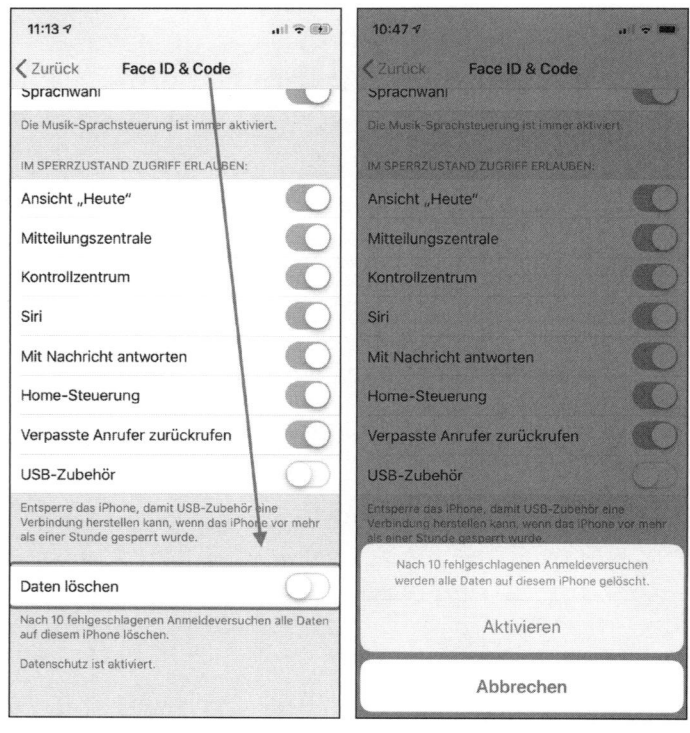

Daten auf dem iPhone werden gelöscht, wenn der Code zehnmal falsch eingegeben wurde

Auf Android-Telefonen wird bei 15-maliger falscher Eingabe des PINs oder Passwortes das Feld für die Eingabe dreißig Sekunden lang gesperrt. Dies ist eine Sicherheitsmaßname, die das schnelle Ausprobieren von Codes deutlich ausbremst.

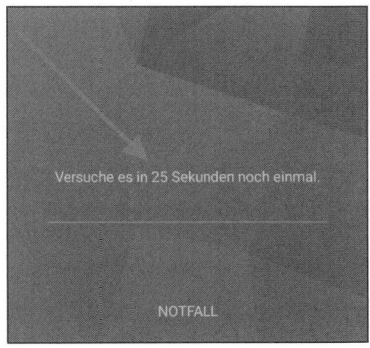

Die PIN-/Passworteingabe wird verzögert

Step 16:
Installieren Sie regelmäßig sämtliche verfügbaren Updates.

Es vergeht kaum ein Monat, in dem man nicht von einer neu entdeckten Sicherheitslücke bei einem der großen Softwareanbieter liest. Ob Google, Microsoft, Apple oder Adobe ... jeder namhafte Softwarehersteller war in der Vergangenheit von der Veröffentlichung von Sicherheitslücken betroffen (und wird es wohl auch in Zukunft sein).

Aus diesem Grund verweigern sich manche Nutzer nicht nur aktuellen Updates, sondern sogar neuen Versionsnummern einer Systemsoftware. Frei nach dem Motto: Never change a running system – Verändere niemals ein funktionierendes System. Sie glauben, dass neue Software oder neue Updates meist nicht ausgereift sind und neben neuen Funktionen eben viel zu oft auch Sicherheitslücken enthalten.

Tatsächlich hat die Zahl der entdeckten Sicherheitslücken im Jahr 2017 einen neuen Rekordwert erreicht und lag im Schnitt um 35 Prozent höher als noch 2016. Allerdings bedeutet diese Zunahme nicht automatisch, dass Software heutzutage immer schlechter programmiert wird. Man muss davon ausgehen, dass im Zuge der Digitalisierung einfach sehr viel mehr Programmcodes geschrieben werden und sich damit auch Fehler häufen. Die hohe Zahl der entdeckten Sicherheitslücken zeigt auch, dass das Thema der digitalen Sicherheit sehr viel ernster genommen wird und von verschiedener Seite gezielt nach Sicherheitslücken gefahndet wird. Gut so!

Auch wenn ich die Argumente der Update-Skeptiker gut nachvollziehen kann, halte ich es für das kleinere Übel, sein Betriebssystem und seine Apps immer auf dem neuesten Stand zu halten. Updates bringen eben nicht nur neue Funktionen mit sich, sondern dienen oft auch dazu, bekannt gewordene Sicherheitslücken zu schließen. Ältere Programme oder Apps, für die gar keine Updates mehr entwickelt werden, stellen mit der Zeit ein immer größeres Sicherheitsrisiko dar. Sicherheitslücken, die nach Ende des Supports gefunden wurden, werden in ihnen nicht mehr geschlossen. In einem solchen Fall kann ein System noch so stabil laufen – es ist eine Gefahr für seine Nutzer.

Neben dem Einspielen aktueller Updates empfehle ich Ihnen, alte, ungenutzte Apps regelmäßig von Ihrem Smartphone zu löschen. Jede App weniger reduziert automatisch die Zahl potenziell vorhandener Sicherheitslücken.

Step 17:
Verschlüsseln Sie den Speicher Ihres Telefons.

Diese Maßnahme schützt die Daten auf Ihrem Smartphone vor allem dann, wenn es verloren gegangen ist. Ein unehrlicher Finder hat dann nicht mehr die Möglichkeit, die Daten auf dem Speicher ohne Weiteres auszulesen. Er kann dies nur noch, wenn er auch den PIN des Smartphones kennt.

Bei iPhones ist die Verschlüsselung des Speichers mittlerweile automatisch eingestellt und kann vom Nutzer auch nicht geändert werden (Security by default). Bei einem Android-Gerät ist diese Funktionalität erst ab Version 6.0 (Marshmallow) und nur bei ausgewählten Geräten vorhanden. Prüfen Sie, ob dies bei Ihrem Gerät der Fall ist:

- Öffnen Sie auf dem Gerät die App »Einstellungen«.

- Tippen Sie auf Sicherheit & Standort. Wenn »Sicherheit & Standort« nicht angezeigt wird, tippen Sie auf Sicherheit ▶ Verschlüsselung & Anmeldedaten ▶ Telefon verschlüsseln.

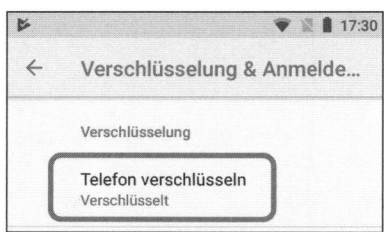

Ein verschlüsseltes Android-Telefon lässt sich in den Einstellungen erkennen.

Außerdem können Sie Ihre zusätzlich genutzte, externe Speicherkarte verschlüsseln. Diese Verschlüsselung müssen Sie in den Sicherheitseinstellungen selbst aktivieren. Da die Speicherkarte nach der Verschlüsselung allerdings nur noch von dem Smartphone gelesen werden kann, in dem sich die Speicherkarte befindet, sollten Sie diese Sicherheitsmaßnahme nur dann ergreifen, wenn Sie wirkliche sensible Daten – zum Beispiel Geschäftsgeheimnisse – auf Ihrem Smartphone speichern.

Bei vielen Geräten kann die Verschlüsselung zudem nicht rückgängig gemacht werden. Sollten Sie Ihr Passwort für die Verschlüsselung verlieren, müssen Sie Ihr Gerät auf die Werkseinstellungen zurücksetzen, wobei automatisch alle persönlichen Daten verloren gehen und die verschlüsselte externe Speicherkarte nicht mehr lesbar ist.

Ihre persönlichen Daten können Sie hinterher jedoch mit einem Backup wieder einspielen (siehe Seite 65: *Step 20*).

Step 18:
Überprüfen Sie die Berechtigungen der von Ihnen installierten Apps.

Ich bin sicher, dass die meisten Nutzer gar nicht wissen, welcher Vielzahl an Berechtigungen sie bei der Installation einer App zustimmen. Ohne auch nur eine Sekunde darüber nachzudenken, gestatten sie den Zugriff auf Dateien, Fotos, die Kamera, Standortdaten oder sogar auf die Telefonfunktion.

Wohin eine solche Nachlässigkeit führen kann, zeigte sich 2018 im Zusammenhang mit der Fitness-App STRAVA. In dieser können Sportler – vor allem Läufer und Radfahrer – unter anderem ihre zurückgelegten Strecken speichern und mit anderen Sportlern teilen oder aber auf die Strecken anderer Sportler zugreifen.

Aus diesen Aktivitätsprofilen erstellte der Anbieter STRAVA unter anderem eine Heatmap, die anzeigt, wie sportlich die Menschen in allen Teilen der Welt sind. An besonders hellen Stellen der STRAVA-Karte waren am meisten Menschen aktiv, an dunklen Stellen nur wenige. Das Problem daran: Die Karte enthüllte auf diese Weise auch die Standorte geheimer US-Militärbasen, da zahlreiche Soldaten, die die App nutzten, die Berechtigung zum

Teilen der Daten nicht ausgestellt hatten. Gegner hätten von nun an die Möglichkeit gehabt, online einzusehen, wo US-Soldaten joggen und die Strecke mit Hinterhalten versehen können.

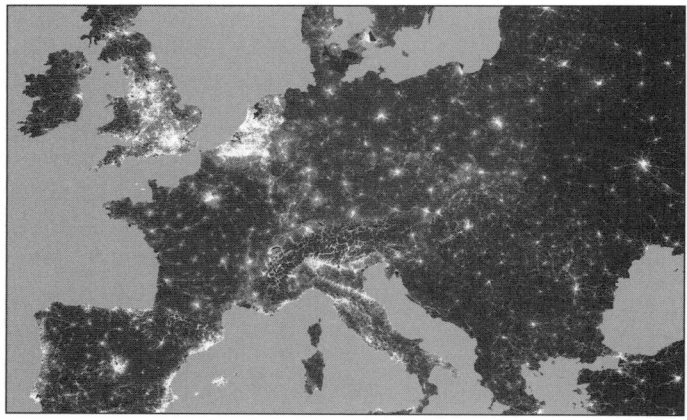

Heatmap der Strava App (Quelle: strava.com)

Mittlerweile hat sich das Berechtigungsmanagement von Apps sehr verbessert und Sie haben die Möglichkeit, die Berechtigungen von Apps auch nach der Installation zu verwalten und jede Berechtigung einzeln zu verbieten oder zu erlauben. Nehmen Sie sich die Zeit, Ihre Berechtigungen einmal durchzugehen und diese so weit einzuschränken wie möglich.

Bei den Apple-Geräten finden sie diese Informationen unter Einstellungen ▶ Datenschutz.

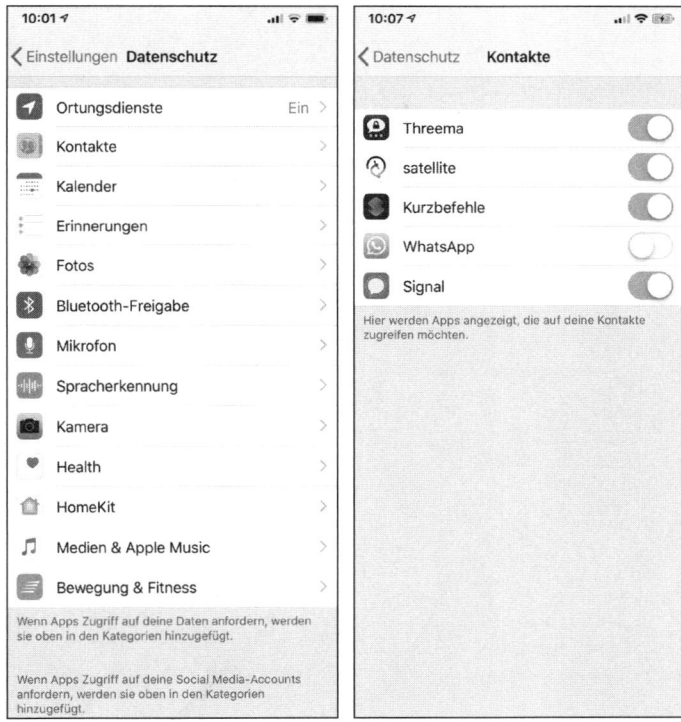

Reduzieren Sie die Berechtigungen Ihrer Apps bitte so weit wie möglich.

Bei Android-Telefonen befinden sich diese Informationen unter Einstellungen ▶ Sicherheit & Standort (bei manchen Geräten auch nur »Sicherheit«)

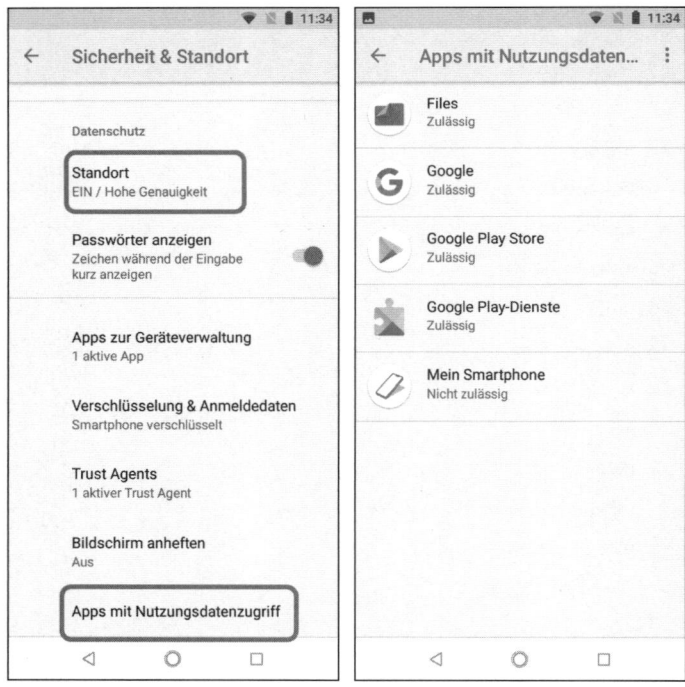

So finden Sie die Apps mit Nutzungsdatenzugriff bei einem Android-Gerät.

Step 19:
Aktivieren Sie Location-Dienste nur dann, wenn Sie sie wirklich benötigen.

Location-Dienste sind sehr praktisch. Mit ihrer Hilfe kann ein Unternehmen wie Google Ihnen zum Beispiel sagen, wie voll es in einem Restaurant ist, das Sie besuchen möchten. Oder Google warnt uns vor einem Stau, weil die in der Vergangenheit erfassten Daten für den Zeitpunkt unserer Fahrt ein besonders hohes Verkehrsaufkommen auf dem eingeschlagenen Weg diagnostizieren. Allerdings bezahlen wir diese Informationen mit einer ganz besonderen Nähe, die die Internetkonzerne unter anderem verwenden, um dem Nutzer personalisierte Werbung zu verkaufen. Ist das schlimm? Schaut man, wenn man es denn unbedingt muss, nicht lieber auf Werbung, die einen interessieren könnte, als auf Werbung, die nichts mit einem zu tun hat? Durchaus, doch das Problem mit den Location-Diensten ist ein anderes.

So werden zum Beispiel auf Android-Geräten in jedem Foto, das Sie machen, die Location-Daten in den sogenannten Meta-Daten gespeichert. Diese werden selbst dann weitergereicht, wenn Sie das Foto teilen. Wollen Sie nicht, dass jeder weiß, wo ein Foto entstanden ist, müssen Sie diese Funktion bei Google erst deaktivieren. Tun Sie das nicht, kann es sein, dass Sie mit jedem Bild, das Sie online oder privat teilen oder posten, auch den Standort preisgeben, an dem das Bild entstanden ist.

Ich kann nur hoffen, dass sich Prominente dieser Tatsache bewusst sind. Denn ein kurzer Gruß an unsere Follower auf Instagram, zum Beispiel aus dem heimischen Wohnzimmer, kann auf diese Weise den ungefähren Standort der Wohnung enthüllen. Für Stalker eine willkommene Einladung. Bis 2015 ermöglichte es zum Beispiel ein Bug, dass hochgeladene Fotos auf Instagram auch Geodaten wie die Privatadresse enthielten. Mittlerweile wurden die Sicherheitsmaßnahmen angepasst. Doch ist das auch in einem kleinen Forum der Fall, in dem Sie sich zum Beispiel aufgrund eines Hobbys aufhalten und dort Bilder posten?

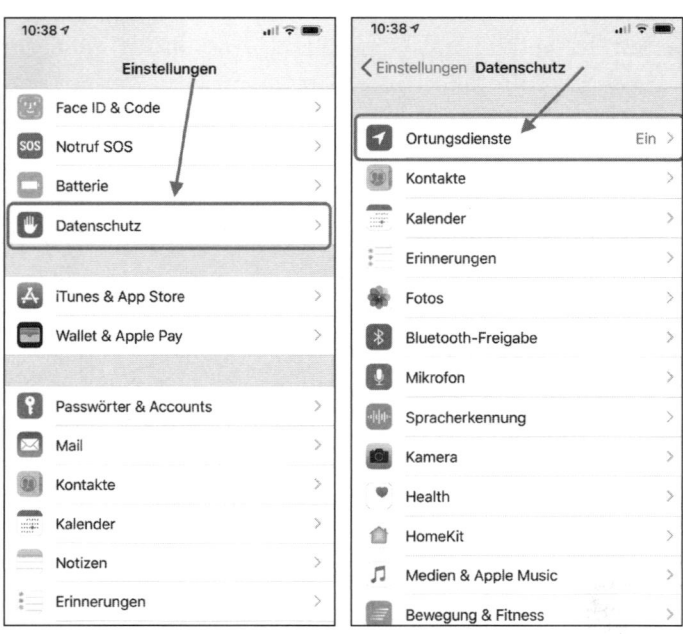

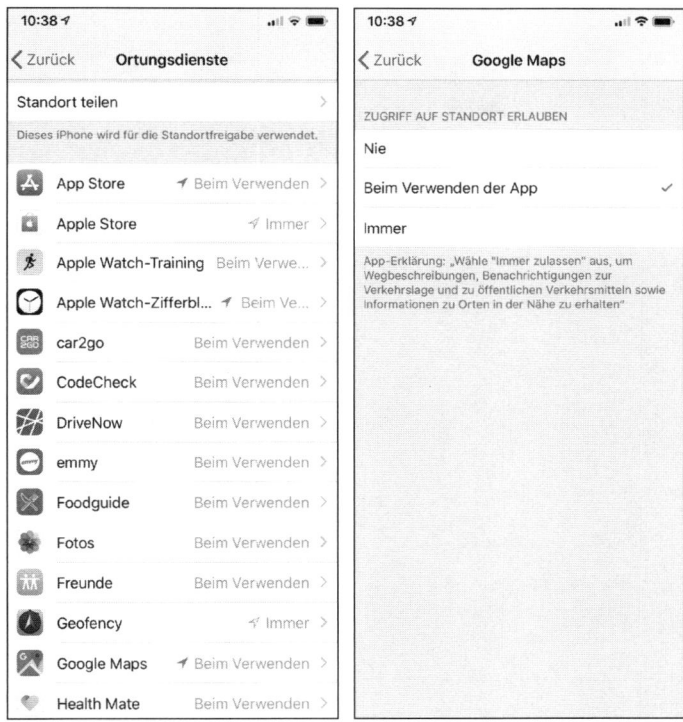

In den Datenschutzeinstellungen von iOS lässt sich ablesen, welche Apps den Standort (GPS) verwenden. Die Funktion lässt sich generell abschalten oder aber für jede einzelne App getrennt regeln.

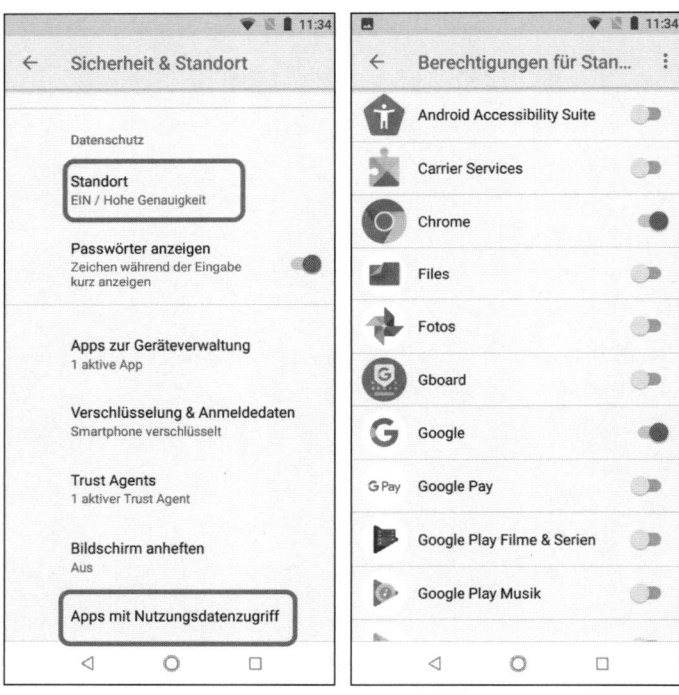

Auch unter Android lassen sich die Berechtigungen zur Standortfreigabe einzeln festlegen.

Step 20:
Aktivieren Sie die Backup-Funktion Ihres Smartphones.

Es gibt sehr viel mehr Möglichkeiten, seine Daten zu verlieren, als wir glauben. Das Smartphone kann in der S-Bahn verloren gehen, gestohlen werden, aus Versehen mit der Jacke in der Waschmaschine gewaschen werden, durch einen Sturz kaputt gehen, in die Toilette fallen, im Sommer den Hitzetod im Auto sterben ... Ist Ihr Smartphone verschwunden oder nicht mehr funktionsfähig, bedeutet das jedoch noch lange nicht, dass auch all Ihre Daten verloren sind. Sowohl in der Apple- als auch in der Android-Welt haben Sie die Möglichkeit, in den Einstellungen ein Backup zu aktivieren, das zum Beispiel Fotos und Dokumente, aber auch Musik und Videos speichert, und im Bedarfsfall wiederherstellt. Apple und Google verlangen ab einer gewissen Datenmenge Geld für den Online-Backup-Speicherplatz. Dieser Obulus ist aber in meinen Augen mehr als gut angelegt.

iPhone

So aktivieren Sie das iCloud-Backup:

Einstellungen ▶ Auf den obersten Punkt mit dem Untertitel Apple-ID, iCloud, iTunes & App Store ▶ iCloud.

Bei einem iPhone werden auf Wunsch sämtliche Daten des Telefons ins Backup übernommen. Am wichtigsten sind für die meisten sicherlich Fotos und Adressbuch.

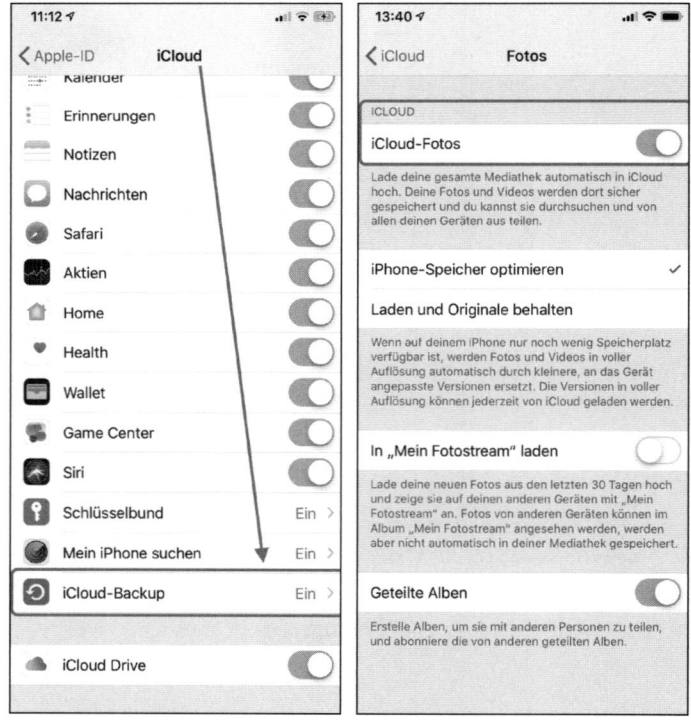

Ich empfehle sowohl das iCloud-Backup für das Telefon als auch für die Fotos zu aktivieren (ein gutes, einmaliges Passwort für die iCloud ist selbstverständlich Voraussetzung).

Android

Backup in Google Drive aktivieren.

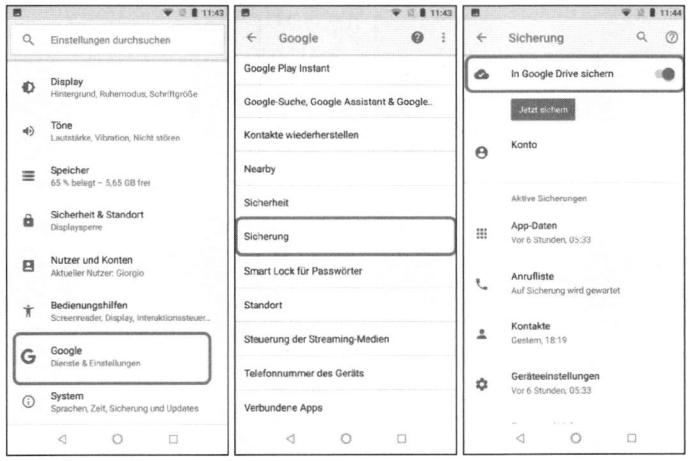

So aktiveren Sie das Daten-Backup auf einem Android-Gerät.

Die in Android integrierten Backup-Lösungen sind etwas löchriger gehalten als die eines iPhones. Da viele Einstellungen nicht ins Standard-Backup übernommen werden, ist nicht Ihr gesamtes Telefon gesichert. Hier helfen Ihnen die Apps von Drittanbietern wie Helium weiter, die – als eine der wenigen dieser Apps – ein vollständiges Backup ermöglicht, ohne dass Ihr Smartphone gerootet worden ist (siehe Seite 70: *Step 23*). Das Standard-Backup von Android funktioniert vor allem mit den Google-Anwendungen Google Fotos, Google Kalender und Gmail zuverlässig.

Step 21:
Schalten Sie Bluetooth- und WiFi-Verbindungen nur an, wenn Sie diese wirklich benötigen.

Daten, die Sie in einem offenen WiFi-Netzwerk senden und empfangen, können ohne Probleme ausgelesen werden. Zum Beispiel von kostenpflichtigen Spionage-Apps wie MySpy oder der Freeware WhatsApp Sniffer. Höher entwickelte Programme sind sogar in der Lage, die vollständige Kontrolle über ein Smartphone zu übernehmen, das sich ohne Schutz in einem öffentlichen WLAN-Netzwerk befindet.

Der Datendiebstahl oder die Übernahme der Kontrolle über das Smartphone ist auch über eine Bluetooth-Verbindung möglich. Allerdings muss in diesem Fall der Angriff tatsächlich aus der Nähe erfolgen, da die Reichweite von Bluetooth-Verbindungen eingeschränkt ist.

Schützen können Sie sich gegen derlei Attacken, indem Sie zum Beispiel Ihre Kommunikation über einen VPN-Client laufen lassen (siehe auch Seite 80: *Step 27: Achten Sie grundsätzlich auf verschlüsselte Kommunikation mit Webseiten.*). In diesem Moment verbindet sich Ihr Smartphone nicht mehr direkt mit dem öffentlichen Netzwerk. Ihre Identität und Ihre Daten bleiben so vor dem Zugriff Dritter geschützt.

Step 22:
Investieren Sie in ein Smartphone, das mit regelmäßigen Updates ausgestattet wird.

Wie sicher Ihre Daten heute sind und in Zukunft sein werden, entscheiden Sie bereits beim Kauf Ihres Smartphones. Beschäftigen Sie sich vor dem Kauf unbedingt mit der Frage, wie lange Ihr Gerät mit Updates versorgt werden wird. Nur dann können Sie überhaupt darauf hoffen, dass gefundene Sicherheitslücken auf Ihrem Smartphone behoben werden oder Ihr Smartphone mit neu entwickelten, aktuellen Sicherheitsfeatures versorgt wird.

Sollten Sie sich für ein aktuelles iPhone entscheiden, können Sie zum Beispiel sicher sein, dass Ihr Mobiltelefon in den kommenden fünf Jahren mit Software-Updates versorgt wird. Generell ist das Bemühen um Datensicherheit bei Apple als gut einzuschätzen. Die Daten, die ein iPhone mit seiner Herstellerfirma Apple austauscht, sind grundsätzlich verschlüsselt. Zudem verspricht der Konzern, keine Kundendaten an Dritte weiterzugeben, wie es zum Beispiel Facebook in der Vergangenheit getan hat und womöglich immer noch tut.

Sollten Sie sich für ein Android-Gerät entscheiden, wählen Sie lieber einen namhaften Anbieter oder – noch besser – eines der von Google selbst entwickelten Smartphones der Pixel-Reihe. Bei diesen garantiert das Unternehmen immerhin Updates für den Zeitraum von zwei Jahren. Bei anderen Anbietern sind nicht einmal diese zwei Jahre

Standard. Bedenken Sie, dass Hersteller in Sachen Updates vorwiegend ihre Premium-Smartphones im Blick haben.

So viel Zeit vergeht, bis Smartphone-Hersteller ein neu entwickeltes Android-System auf Ihre Geräte spielen:*

LG:	78 Tage
Motorola:	88 Tage
Sony:	99 Tage
Xiaomi:	129 Tage
OnePlus:	131 Tage
Samsung:	143 Tage

Am Beispiel des Betriebssystem Android Nougat aus dem Jahr 2016

Step 23:
Verzichten Sie auf einen Jailbreak oder auf Rooting.

Mit einem sogenannten Jailbreak oder durch das Rooting können sich Nutzer Zugriff auf sämtliche Funktionen Ihres Smartphones verschaffen. Beim Betriebssystem des iPhones, iOS, handelt es sich beispielsweise um ein geschlossenes System. Das bedeutet, dass Sie nur die von Apple zugelassenen Apps installieren können. Gelingt es Ihnen, mittels Jailbreak Ihr Smartphone zu rooten, sind derlei Hürden eingerissen. Sie haben nun zwar die volle Kontrolle über Ihr Gerät, der Preis dafür ist jedoch hoch: Durch den Jailbreak wurden nämlich auch sämtliche systeminternen Sicherheitsfeatures heruntergefahren oder eingeschränkt. Fortan ist Ihr Smartphone weniger gut gegen Viren und Schadcode geschützt und das System insgesamt kann instabil laufen.

Step 24:
Installieren Sie nur Apps aus dem Play-Store (Android) oder dem App-Store (iOS).

Während Sie auf Ihrem Android-Gerät die Option haben, die Installation von Apps durch Fremdanbieter freizuschalten und somit den Play-Store zu umgehen, gibt es diese Option bei einem iPhone nicht (Es sei denn, durch einen Jailbreak, siehe Seite 70: *Step 23: Verzichten Sie auf einen Jailbreak oder auf Rooting.*). Diese Einschränkung wird Apple oft zur Last gelegt. Während das Unternehmen mit Sicherheitsaspekten argumentiert, vermuten Kritiker dahinter das Beharren auf einer kommerziell motivierten Monopolstellung. Schließlich verdient das Unternehmen an Apps, die von einem anderen Store geladen werden, kein Geld.

Fakt ist: Manipulierte Apps können Schadcode erhalten, die es Angreifern möglich machen, Kontrolle über

Ihr Gerät zu erlangen oder sensible Daten auszuspähen. Apps, die man über den Play-Store oder den App-Store installiert, müssen zuvor selbstverständlich Sicherheits- checks durchlaufen. Allerdings hat die Vergangenheit auch gezeigt, dass diese Checks in beiden Stores durchaus fehlbar sind.

Dennoch ist das Risiko, potenziell gefährliche Apps aus unbekannten Quellen zu installieren, noch deutlich höher einzuschätzen. Verzichten Sie daher darauf.

Step 25:
Setzen Sie Ihr Smartphone vor einem Verkauf auf die Werkseinstellungen zurück.

Möchten Sie Ihr Smartphone verkaufen oder entsorgen, sollten Sie es auf die Werkseinstellungen zurücksetzen. Tun Sie das nicht, kann es Ihnen – je nach Einstellung – passieren, dass Sie mit dem Telefon auch Daten weiter ge- ben, die sich noch immer darauf befinden. Das können zum Beispiel auf dem Telefon gespeicherte Kontakte, aber auch Fotos und andere Dokumente sein.

Vor dem Zurücksetzen sollten Sie bei Android-Geräten auch noch Ihr Google-Konto oder andere mit dem Telefon verknüpfte Konten entfernen. Bei einem iPhone sollten Sie zudem zuvor die Funktion »Mein iPhone suchen« ab- schalten.

iPhone

Einstellungen ▶ Allgemein ▶ Zurücksetzen ▶ Alle Inhalte & Einstellungen löschen (Mein iPhone suchen vorher abschalten)

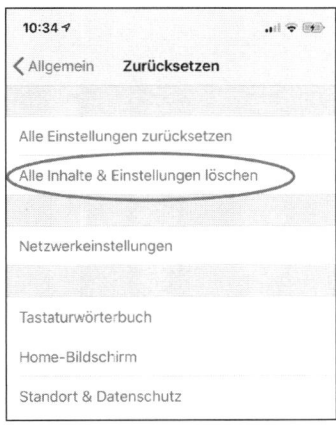

Mit dem Menüpunkt »Alle Inhalte & Einstellungen löschen«
leeren Sie den Speicher Ihres iOS-Gerätes und setzen es
auf den Werkszustand zurück.

Android

Öffnen Sie auf dem Gerät die App Einstellungen und gehen dann auf System ► Optionen zurücksetzen. Dort findet sich die Einstellung »Alle Daten löschen (auf Werkseinstellungen zurücksetzen)«.

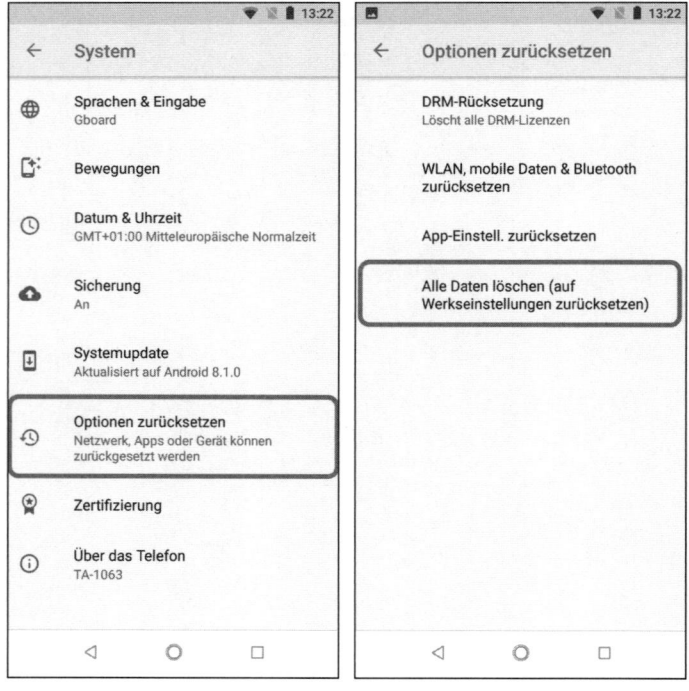

Durch den Menüpunkt »Alle Daten löschen (auf Werkseinstellungen zurücksetzen)« werden auch auf Android-Geräten alle relevanten Daten vom Telefon entfernt.

4.

INTERNET-SICHERHEIT

Die tägliche persönliche Nutzungsdauer des Internet betrug 2018 in Deutschland durchschnittlich 196 Minuten, also mehr als drei Stunden. Damit hat sie sich innerhalb der letzten zehn Jahre mehr als verdreifacht. Je länger wir uns im Internet bewegen, desto höher wird – statistisch gesehen – auch die Wahrscheinlichkeit, Opfer von Cyberkriminalität zu werden. Diverse Schutzmaßnahmen können es Angreifern jedoch auch hier sehr viel schwerer machen, an Ihre Daten zu kommen.

Einige dieser Maßnahmen, wie die Nutzung eines VPN-Netzwerkes in öffentlichen WiFi-Netzwerken, haben Sie schon kennengelernt (siehe Kapitel 3: *Smartphone-Sicherheit*). Ich wiederhole sie ganz bewusst, da eine solche Sicherheitsmaßnahme eben nicht nur ihr Smartphone betrifft, sondern auch andere Geräte, mit denen Sie öffentliche WiFi-Netzwerke nutzen. Wir gehen eben längst nicht mehr nur zu Hause am PC online, sondern neben unseren Smartphones auch unterwegs mit Tablet-PCs, Notebooks oder Smartwatches. Für jedes dieser Geräte sollten Sie auch die entsprechenden Sicherheitsmaßnahmen umsetzen.

Step 26:
Meiden Sie öffentliche WLAN-Netzwerke oder schützen Sie Ihre Daten durch ein virtuelles Privates Netzwerk (VPN).

Ob im Café, im Zug oder auf öffentlichen Plätzen – immer öfter erhalten wir die Möglichkeit, unterwegs kostenlos online zu gehen. In anderen Ländern ist die kostenlose WLAN-Abdeckung sogar noch höher als hierzulande.

Wie bereits unter *Step 21* beschrieben, ist ein Gerät, das sich ungeschützt in einem offenen, für jedermann zugänglichen Netzwerk befindet, potenziell gefährdet. Nicht nur, dass die gesendeten Daten mitgelesen werden können, nein, das Gerät lässt sich für einen Experten auch manipulieren. So könnten Sie zum Beispiel in einem öffentlichen WiFi-Netzwerk Ihre Bankseite ansurfen, um Ihren Kontostand zu checken, und dabei möglicherweise nicht bemerken, dass Sie von einem Angreifer im Hintergrund auf eine Phishing-Seite umgeleitet wurden. Diese sieht zwar genauso aus wie Ihre gewohnte Bankseite, dient aber nur dazu, Ihre Login-Daten, die Sie vertrauensvoll in den Browser eingeben, abzugreifen.

Ein einfacher Schutz gegen derartige Angriffe ist die Verschlüsselung des eigenen Datenverkehrs durch ein VPN-Netzwerk. In einem solchen Netzwerk ist jeder Datenverkehr verschlüsselt und Ihre Identität wird nicht weitergegeben – ohne VPN-Netzwerk ist sie eindeutig über die IP-Adresse zu ermitteln.

Wer möchte, kann auf die Dienste von VPN-Dienstleistern auch zu Hause zugreifen. Es gibt kostenfreie und kostenpflichtige Anbieter. Allerdings ist bei kostenfreien Anbietern die Nutzungsdauer oft beschränkt oder das Angebot wird durch Werbung finanziert. Ein weiterer Nachteil: Die Surfgeschwindigkeit sinkt beim Einsatz eines VPN-Netzwerks. Wie sehr Sie dies bemerken, hängt von der Geschwindigkeit Ihres DSL-Anschlusses ab.

So funktioniert ein VPN-Netzwerk

VPN ist die Abkürzung für Virtuelles Privates Netzwerk. Normalerweise gehen Sie über Ihren Internet-Anbieter online. Beim Surfen im Internet kann Ihr Rechner dabei eindeutig über die sogenannte IP-Adresse identifiziert werden. Haben Sie jedoch ein VPN eingerichtet, gelangen Sie über einen sogenannten VPN-Tunnel ins Internet. Statt über den Server Ihres Internetanbieters wird Ihre Kommunikation nun mittels einer verschlüsselten Verbindung über den Server des VPN-Anbieters umgeleitet. Das heißt, dass Sie sich vollkommen anonym im Netz bewegen, da die Verschlüsselung bereits ab Ihrer Netzwerkkarte beginnt. Auch Ihre IP-Adresse kann Ihnen nun nicht mehr zugeordnet werden. VPN-Netzwerke können daher zum Beispiel auch genutzt werden, um sogenannte Regionalsperren zu umgehen und Internet-Dienste freizuschalten, die in dem Land, in dem man sich befindet, nicht zugänglich sind.

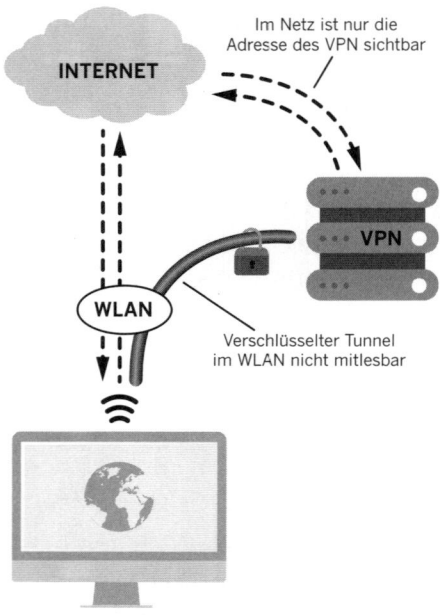

So funktioniert ein VPN-Netzwerk

Step 27:
Achten Sie grundsätzlich auf verschlüsselte Kommunikation mit Webseiten.

Verschlüsselte Webseiten sind leicht zu erkennen. Zum einen durch ein Schloss-Symbol, das der URL – also der Internetadresse – vorangestellt wird, zum anderen an der

Adressierung »https«, mit der die URL-beginnt. HTTPS ist ein Kommunikationsprotokoll im Internet, um Daten abhörsicher zu übertragen. Darüber, ob Sie eine verschlüsselte Verbindung mit einer Webseite eingehen können, entscheidet in der Regel der Anbieter der Webseite. Es kann jedoch auch vorkommen, dass eine Webseite sowohl das HTTP- als auch das HTTPS-Format anbietet. In diesem Fall können Sie mit einer Browsererweiterung wie »HTTPS everywhere« sicherstellen, dass Sie automatisch auf die verschlüsselte Kommunikation zugreifen. Diese Erweiterung unterstützen aktuell die Browser Chrome, Firefox und Opera.

• • • • • • •

TIPP: Beim Klick auf das Schloss- oder Info-Symbol lassen sich zusätzliche Informationen anzeigen.

• • • • • • •

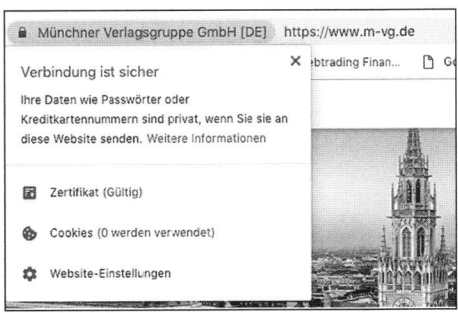

Google Chrome

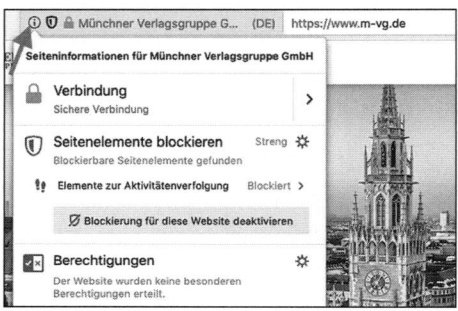

Mozilla Firefox

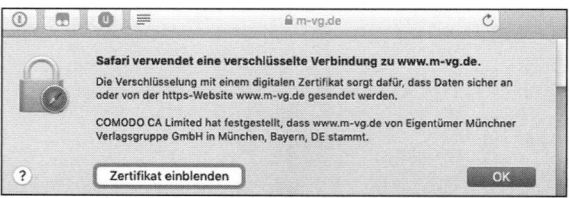

Safari

War die verschlüsselte Kommunikation früher eher eine Ausnahme, wird sie immer mehr zur Regel, da es heutzutage selbst für einen Blog technisch kein großer Aufwand mehr ist, eine verschlüsselte Kommunikation zu installieren. Mittlerweile gibt es sogar kostenlose Sicherheitszertifikate für den HTTPS-Standard (siehe Seite 85: *Step 29*).

Dass das Thema Sicherheit an Bedeutung gewinnt, zeigt unter anderem die Initiative von Google, Webseiten mit verschlüsselter Kommunikation im eigenen Suchmaschinen-Ranking zu bevorzugen.

Der Vorteil von HTTPS-Seiten liegt nicht nur darin, dass die Daten, die Sie an den Betreiber der Seite senden, verschlüsselt und sicher übertragen werden. Sie können auch sicher sein, dass Sie vom Webseiten-Betreiber nur die Daten erhalten, die dessen Server an Sie gesendet hat. Wie einfach es ist, Daten, die lediglich per HTTP übertragen wurden, zu manipulieren, zeigt das Beispiel des US-amerikanischen Providers Comcast. Dieser hatte eine zeitlang in fremden Webseiten einfach die Werbung der Webseite auf dem Weg zum Nutzer unterdrückt und stattdessen dort eigene Werbung platziert, ohne dass Sender und Empfänger dies bemerkten.

Step 28:
Augen auf bei der Browser-Wahl!

Sie können Ihre digitale Sicherheit auch bereits durch die Wahl Ihres Browsers positiv beeinflussen. Sollten Sie noch immer mit dem Internet Explorer durchs Internet browsen, sind Sie nicht sicher. Selbst Microsoft empfiehlt seine Verwendung mittlerweile nicht mehr. Der Internet Explorer ist ein Browser, der – wie es das Internet in seinen Anfangstagen erforderte –, auf eine möglichst hohe Offenheit und Kompatibilität setzt. Moderne Sicherheitsstandards jedoch sind im Internet Explorer nicht verbaut und lassen sich technisch teilweise gar nicht implementieren.

Eine sicherere Alternative ist der Google-Browser Chrome. Allerdings ist dieser Browser sehr datenhungrig. So sendet selbst ein inaktives Android-Gerät, dessen Chrome-App nicht geschlossen ist, 14-mal in der Stunde Daten an Google.

Zwar hat Microsoft mit seinem Browser Edge noch einmal einen Versuch unternommen, am Browsermarkt aktiv zu werden, doch der Kampf wird demnächst eingestellt werden. Dann wird es den Browser zwar weiterhin geben, unter seiner Oberfläche wird Edge dann jedoch mit der Technologie von Googles Chrome laufen.

Eine gute Alternative zu Edge und Chrome ist Firefox. Der Browser wird von einer gemeinnützigen Stiftung entwickelt und hat daher noch am ehesten die (Datenschutz-) Interessen seiner Nutzer im Blick.

Eine Empfehlung hat sich auch Apples Browser Safari verdient. Insgesamt sendet ein Android-Gerät bis zu 50-mal mehr Daten »nach Hause« als ein Gerät von Apple. Außerdem verhindert Safari auch das sogenannte Fingerprinting (siehe Seite 89: *Step 31*).

Auch im Kampf gegen Sicherheitslücken ist Apple vorbildlich. So schränkt Apple aktuell den Zugang zu Sensordaten für Drittapps im Telefon konsequent ein, nachdem sich herausgestellt hatte, dass sich mithilfe der Bewegungssensoren im Telefon sogar die PIN des Gerätes oder aber PINs in Banking-Apps auslesen ließen.

Step 29:
Nehmen Sie Warnungen bei auftretenden Zertifikatsfehlern ernst.

HTTPS verschlüsselt nicht nur Daten, sondern kontrolliert auch die Identität des Kommunikationspartners. Ist er wirklich derjenige, der er vorgibt zu sein? Um seine Identität zu bestätigen, benötigt Ihr Kommunikationspartner ein sogenanntes Sicherheitszertifikat.

Vielleicht sind Sie in der Vergangenheit beim Surfen im Internet schon einmal auf eine Warnung vor einem Zertifikatsfehler gestoßen. Diese treten in der Regel dann auf, wenn ein Zertifikat abgelaufen oder ungültig ist. Nehmen Sie solche Warnungen ernst, meiden Sie die Seite und informieren Sie, wenn es sich um eine eigentlich seriöse Seite handelt, den Webseitenbetreiber über die Warnung. Gehen Sie trotzdem eine Verbindung mit einer solchen Seite ein, ist Ihre Kommunikation nicht sicher.

Wird vor einem Zertifikat gewarnt, haben Sie immer die Möglichkeit, es sich anzeigen zu lassen. Dort können Sie dann prüfen, für wen das Zertifikat ausgestellt wurde und ob es sich dabei wirklich um den Betreiber der Webseite handelt, die Sie ansurfen wollten.

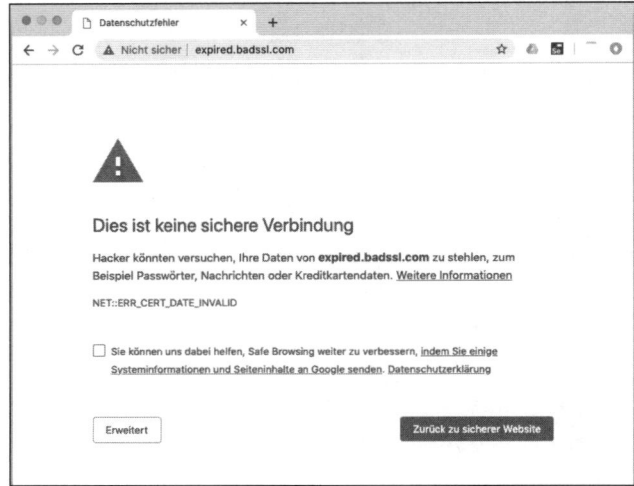

Zertifikatsfehlermeldung in Google Chrome

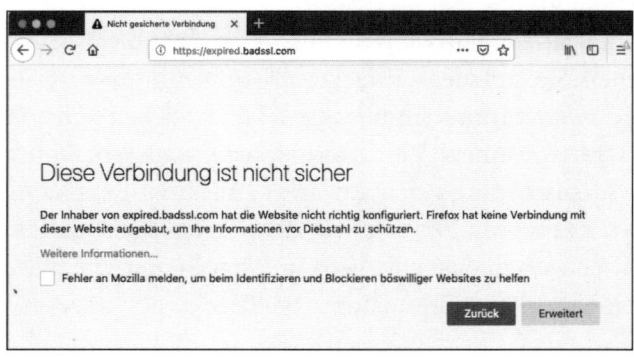

Zertifikatsfehlermeldung in Firefox

Step 30:
Verwenden Sie einen Adblocker.

In der Regel ist Werbung ein echtes Ärgernis. Mit Werbung überladene Seiten laden länger. Die Werbung stört den Lesefluss oder muss, wenn sie in Form eines Popups daherkommt, geschlossen werden. Doch die Werbung ist zusätzlich auch ein Sicherheitsrisiko, denn nicht immer wissen die Unternehmen, die auf ihren Seiten Werbeflächen eingerichtet haben, wer diese überhaupt nutzt und mit welchen Inhalten er sie bespielt. Die Startseite auf *Spiegel.de* ruft zum Beispiel manchmal über dreißig(!) weitere Adressen von Trackern und Werbenetzwerken auf.

Spiegel.de ist aber keinesfalls die Ausnahme. Die Mehrheit der großen und kleinen werbefinanzierten Webseiten verhält sich nicht anders.

Beim Erstellen einer Webseite wollte ich von dem Werbepartner, dessen Werbung auf der Seite implementiert werden sollte, im Vorfeld wissen, mit wem genau er zusammenarbeitet. Die Antwort erschütterte mich: Man könne mir, hieß es, lediglich die dreißig größten Partner nennen. Über die restlichen Firmen, die über das angebotene Netzwerk Werbe-Content auf Webseiten ausspielen, hätte man keinen Überblick.

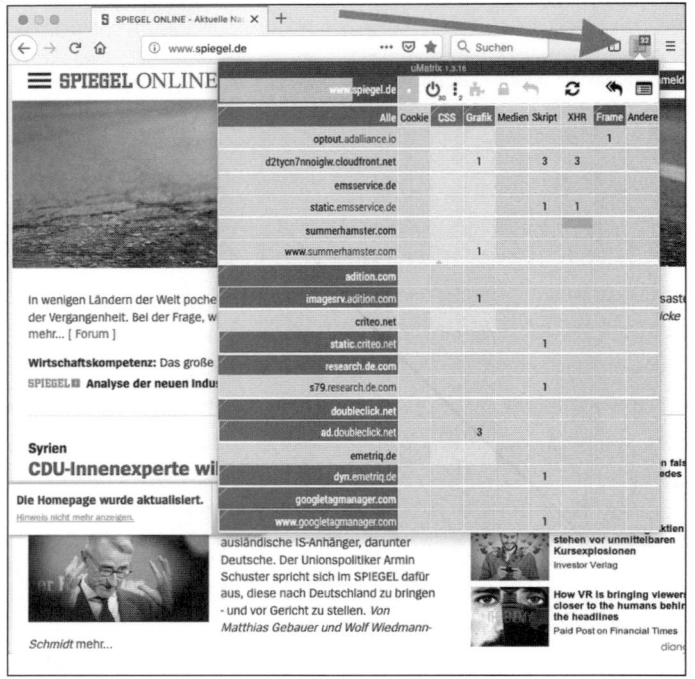

32 Tracker und Werbescripte auf Spiegel.de – hier dargestellt mit dem Adblocker uMatrix

In der Vergangenheit wurde Werbung immer wieder dazu genutzt, um Schadsoftware zu verbreiten. Ein guter Adblocker hilft, dieses Risiko zu minimieren. Persönlich empfehle ich aktuell die Verwendung des Anbieters uBlock Origin, den Sie mit allen wichtigen Browsern – Chrome, Firefox, Edge, Safari – verwenden können. Der bekannte Anbieter Adblock Plus ist seit der Einführung seines »Acceptable Ads«-Programmes nicht mehr zu empfehlen.

Eine weitere Alternative in der mobilen Onlinewelt ist die Verwendung des Browsers Firefox Klar, der explizit auf den Schutz der Privatsphäre ausgerichtet ist.

Step 31:
Beachten Sie, dass Sie der Private Modus beim Surfen nicht unsichtbar macht.

Die meisten Browser bieten Ihnen heutzutage die Möglichkeit, in den sogenannten Privaten Modus, auch als Pornomodus bekannt, zu wechseln. Eine treffende Bezeichnung, denn unter Sicherheitsaspekten bringt der Private Modus wenig. Er verhindert lediglich das automatische Einloggen auf Websites, er speichert keine Cookies und trägt die besuchten Seiten nicht in den Browser-Verlauf ein. All diese Maßnahmen dienen vor allem dazu, Ihr Surfverhalten auf dem heimischen Computer zu verbergen. Im Netz hingegen hinterlassen Sie auch im Privaten Modus deutliche Spuren. Und statt über einen auf dem Rechner abgelegten Cookie ermitteln Webseitenbetreiber Ihre Identität dann eben etwa mit dem sogenannten Fingerprinting: Verschiedene Parameter wie das verwendete Betriebssystem, die Bildschirmauflösung oder die eingestellten Schriftarten fügen sich zu einem eindeutig identifizierbaren digitalen Fingerabdruck zusammen. Auch die IP-Adresse wird im Privaten Modus nicht verborgen. Sie sind also keinesfalls anonym oder in besonderer Art und Weise geschützt unterwegs.

Step 32:
Vermeiden Sie den automatischen Login via Facebook für andere Webdienste.

Die Anbieter von Webdiensten versuchen alles, um uns die Nutzung ihrer Dienste so einfach und unkompliziert wie möglich zu machen. Dazu gehört natürlich auch, dass der Anmeldeprozess, also die Registrierung für den Webdienst so schnell wie möglich vonstattengeht. Seit einiger Zeit gibt es zum Beispiel die Möglichkeit, sich mit seinem Facebook- oder Google-Account auch bei Drittanbietern einzuloggen. Verzichten Sie darauf. Sollte Ihr Facebook-Account gehackt werden, ist auch der Login auf die Seiten der Drittanbieter in Gefahr. Denkbar ist auch eine Störung des Facebook-Angebotes (allein im Dezember 2018 gab es vier davon), die dann ein Login bei einer ganzen Reihe von Webdiensten blockiert.

Den gleichen Komfort für den Login bei Drittanbietern bietet bei einer höheren Sicherheit ein Passwort-Manager (siehe Seite 35: *Step 10*).

Step 33:
Behandeln Sie Facebook und andere Social-Media-Dienste immer wie eine öffentliche Webseite. Selbst dann, wenn Sie chatten.

Das Geschäft von Facebook und anderen Social-Media-Kanälen sind Aufmerksamkeit und Daten. Verschiedene Skandale in der Vergangenheit haben gezeigt, dass gerade bei Facebook die Sicherheitsinteressen der Nutzer gering bis gar nicht geschätzt wurden. Stattdessen konnten Firmen wie Cambridge Analytica ohne Probleme auf die Facebook-Daten von 87 Millionen Menschen zugreifen. Verbotenerweise zwar, doch es wurde dem Unternehmen eben auch nicht sonderlich schwer gemacht. Im Gegenteil, da Facebook sehr gut an den In-App-Käufen von Drittanbietern verdiente, gewährte man den externen App-Programmierern einen fast unkontrollierten Systemzugang.

Auch auf die Einstellungen zur Privatsphäre sollten Sie in sozialen Netzwerken nicht vertrauen. Unrühmliches Beispiel ist auch hier wieder Facebook. Als das Unternehmen WhatsApp übernahm, wurden Sicherheitsbedenken unter anderem mit dem Hinweis zerstreut, dass sich die Nutzerdaten, die bei WhatsApp vorliegen, nicht mit denen von Facebook verknüpfen ließen. Monate nach der Übernahme erfolgte jedoch genau diese Verknüpfung, so dass das Unternehmen nun auch die privaten Nachrichten in seine Datenanalyse einfließen lassen kann.

Selbst wenn Sie privat über eine Direktnachricht mit jemandem kommunizieren, können Sie also niemals sicher sein, dass Ihre Nachricht privat bleibt. Ihr Gegenüber kann die private Nachricht ohne Probleme teilen oder öffentlich machen. Diese Gefahr besteht auch, wenn der Account Ihres Gegenübers kompromittiert wird.

Sie sollten daher jegliche Kommunikation in sozialen Netzwerken als öffentlich betrachten. Überlegen Sie es sich dreimal, bevor Sie zum Beispiel in einer scheinbar unverfänglichen Flirtsituation ein privates Bild von sich verschicken. Über alle Informationen, die Sie von Ihrem PC oder Smartphone an Dritte versenden, haben Sie keine Kontrolle mehr (siehe auch das Kapitel *Bedrohungsszenarien*).

Step 34:
Statten Sie Ihren Router und Ihr WLAN mit einem sicheren Passwort aus und richten Sie für Gäste ein Gäste-WLAN ein.

Um ihr Router- und WLAN-Passwort kümmern sich die wenigsten Menschen. Meist sind sie froh, wenn der Router, einmal angeschlossen, fortan klaglos seinen Dienst verrichtet. Auf die Idee, das Router-Passwort zu ändern, kommt kaum jemand. Schließlich läuft das System ja.

Das Problem: Meist sind Router mit keinem oder mit einem Standard-Passwort gesichert. Ändern Sie es nicht, kann jeder, der ein bisschen Ahnung hat, in den Einstellungen herumspielen. Auch das WLAN-Passwort, das sich am Router befindet, ändert fast niemand. Kommt Besuch, wird das Passwort meist einfach weitergegeben.

Geraten diese Informationen in die falschen Hände, kann das massive Probleme nach sich ziehen. Etwa, wenn über Ihren Internetanschluss illegal Filme oder Songs heruntergeladen werden, oder – was sehr viel gravierender ist – zum Beispiel Kinderpornografie konsumiert oder verbreitet wird. Außerdem können Webseiten über den Router umgeleitet werden, so dass Sie beispielsweise auf Phishing-Seiten landen.

Nehmen Sie sich die Zeit, um Ihren Router mit einem Passwort abzusichern und schauen Sie von Zeit zu Zeit nach, ob es Updates der Firmware für Ihren Router gibt. Wie Sie in die Einstellungen Ihres Routers gelangen, erfahren Sie in der Gebrauchsanleitung. Sollten Sie diese verlegt haben, finden Sie im Internet problemlos Listen mit den Standardzugängen für die wichtigsten Router.

Darüber hinaus sollten Sie auch ein eigenes WLAN-Netzwerk für Gäste einrichten, damit diese keinen Zugriff auf Ihre privaten Geräte bekommen, was sehr viel leichter möglich ist, wenn selbige im gleichen Netzwerk wie Sie unterwegs sind.

Step 35:
Installieren Sie keine Software oder Treiber von Ihnen unbekannten Portalen.

Es ist verlockend, im Internet eine teure Software oder ein neues Spiel umsonst zu bekommen. Allerdings hat die Erfahrung gezeigt, dass Hacker Software nicht nur bereitstellen, um Ihre Fähigkeiten zu demonstrieren. Häufig enthalten die veränderten Programme Schadcode, der sich mit jeder Installation verbreitet. Für die Hacker ist so ein Vorgehen lukrativ, da sie sicher sein können, dass der Nutzer den Schadcode installiert. Oft enthalten die der Software beigefügten Installationsanweisungen sogar den Hinweis, dass es bei der Installation normal sei, dass sich das Viren-Programm melde. Weiter heißt es, dass man diese Warnung ignorieren solle, damit das gecrackte Programm richtig installiert werden kann. Auf diese Weise umgehen Hacker auf einfachstem Weg die in Ihrem Rechner installierten Sicherheitssysteme.

Eine weitere Quelle von Schadcode sind zwielichtige Treiberportale. Hat man seinen Rechner eine zeitlang in Gebrauch, kann es vorkommen, dass das System zunehmend instabil wird, oder dass ein bestimmtes Bauteil wie die Grafikkarte oder die Lautsprecher nicht mehr wie gewohnt funktionieren. In so einem Fall erhält man oft den Hinweis, nach aktualisierten Treibern zu suchen und diese zu installieren.

Vor allem für ältere Bauteile gestaltet sich die Suche nach dem passenden Treiber oft aufwändig. In solchen Fällen kann es passieren, dass man auf Seiten landet, auf denen man gar keine Treiber herunterlädt, sondern einen Schadcode. Auch hier profitieren die Angreifer davon, dass der Nutzer die Software gutgläubig selbst installiert.

Bedrohungsszenarien: Warum Sicherheit niemandem egal sein sollte

Wenn es um das Thema digitale Sicherheit geht, haben die meisten Menschen keine konkrete Vorstellung von der Bedrohung, die sie umgibt. Wohnt man in einem Haus, weiß man, dass Einbrecher vor allem durch Türen und Fenster ins Haus gelangen können, und schützt beides entsprechend. Doch was soll man eigentlich an seinem Smartphone oder seinem Rechner schützen? Wo genau befinden sich dort Tür und Fenster?

Die größten Bedrohungen für Ihre Daten sind nicht etwa kriminelle Hacker, die irgendwo in Asien oder Russland sitzen. Vielmehr müssen Sie sich vor allem vor physischen Dieben im Hier und Jetzt und vor Ihrer eigenen Schusseligkeit fürchten. In jedem Jahr werden in Deutschland vier Millionen Smartphones gestohlen oder sie gehen verloren. An den acht größten Flughäfen Europas werden jährlich 175 000 Laptops vermisst. Und im gesamten EU-Raum gehen auf Reisen jährlich drei Millionen Gepäckstücke verloren. Davon werden eine Million niemals wiedergefunden. Theoretisch verliert jeder Deutsche alle drei Jahre einmal sein Smartphone. Haben Sie Ihr Telefon oder Ihr Laptop nicht gesichert oder kein Backup erstellt, sind Ihre Daten dann verloren.

Machen wir doch einmal folgendes Gedankenexperiment: Würden Sie einer fremden Person Ihr entsperrtes Smartphone in die Hand drücken und mit einem Lächeln auf den Lippen sagen: »Sie können mit meinem Telefon machen, was sie wollen.«

Ich denke, die meisten würden sich weigern, ihr Telefon aus der Hand zu geben. Schließlich befinden sich dort zahlreiche private Fotos oder Chats mit Freunden, in denen Dinge gesagt werden, die nicht für die Öffentlichkeit bestimmt sind. Auf die Gefahr hin, mich zu wiederholen: Bitte machen Sie sich immer bewusst, dass Daten, die Sie im Internet verschicken, mit anderen teilen oder posten, nicht mehr Ihnen gehören. Amazon-Chef Jeff Bezos wird die intimen Bilder, mit denen er unlängst angab, erpresst worden zu sein, lediglich an eine Vertrauensperson geschickt haben, und nicht an einen Zeitungsreporter. Dennoch fanden die Bilder ihren Weg zu den Medien.

In den letzten Jahren hat sich durch die Ausbreitung sozialer Medien die Haltung zu »privat« und »öffentlich« stark gewandelt. Millionen Menschen geben im Internet Dinge preis, die früher nur für den Freundeskreis interessant gewesen wären, nun jedoch der ganzen Welt zugänglich gemacht werden. Ich halte diese Entwicklung für bedenklich und glaube, dass wir in Zukunft eine Renaissance des Privaten erleben werden. Schon jetzt stellt sich heraus, dass die Inhalte sozialer Medien immer stärker kommerzialisiert werden und dass die Aufmerksamkeitsökonomie immer kritischer gesehen wird.

Doch auch, wenn wir in Zukunft die Nutzung sozialer Medien vielleicht etwas vorsichtiger und bewusster angehen, werden wir kaum auf den Komfort und die Möglichkeiten verzichten, die uns ein Smartphone bietet. Auf unseren Telefonen werden sich weiterhin Fotos, Text- und Sprachnachrichten sowie Dokumente befinden, die wertvoll sind. Oft ist uns gar nicht bewusst, welcher Schaden mit einem Verlust von Daten verbunden ist oder welche Konsequenzen der fahrlässige Umgang mit Daten im Internet haben kann. Bequemlichkeit, Unwissenheit und eine auf Missverständnissen beruhende Mentalität in Sachen Sicherheit (»Ich habe doch nichts zu verbergen«) sind ein gefährlicher Mix, der es Angreifern leider immer wieder viel zu leicht macht. Ich möchte daher in diesem Kapitel einige Bedrohungsszenarien skizzieren, die Sie motivieren sollen, in Sachen Sicherheit endlich aktiv zu werden.

Stellen wir uns doch einmal vor, Ihre E-Mail-Passwort-Kombination ist in einem der großen Leaks der letzten Wochen aufgetaucht. Es ist dieselbe E-Mail-Passwort-Kommunikation, die Sie auch für Ihren Amazon-Account, Ihren Paypal-Account oder Ihren Facebook-Account nutzen. Die Zwei-Faktor-Authentifizierung ist nicht aktiv. Auf diese Weise könnte sich ein Dieb erstmal in aller Ruhe auf Shoppingtour begeben. Nicht weiter schlimm? Und wenn ein Mann seiner Frau plötzlich erklären muss, warum im Kontoauszug plötzlich eine Abogebühr für einen Premium-Account bei einem Pornoanbieter oder bei einem Seitensprungportal auftaucht?

Aber selbst, wenn jemand keine finanziellen Interessen hat, kann er Ihnen Schaden. Neulich las ich über den Fall einer Frau, die auf dem Datingportal OkCupid aktiv war. Monate, nachdem sie dort ihr Profil gelöscht hatte, meldete sich plötzlich ein Mann, der sie bei OkCupid gesehen und angeschrieben hatte, ohne dass sie ihm je geantwortet hätte. Ihre Kontaktdaten hatte dieser Mann herausgefunden, da er die Bilder Ihres OkCupid-Accounts gespeichert hatte und mithilfe der Google-Bildersuche anschließend auf die Webseite der Frau gestoßen war. Dort fand er auch ihre Telefonnummer und ihre Adresse. In einem Telefonat machte die Frau dem Mann klar, dass seine Hartnäckigkeit nicht etwa, wie er meinte, eine Belohnung verdient habe, sondern – sie hatte nicht ohne Grund schon zuvor auf keine seiner Nachrichten geantwortet – eine Belästigung sei. Hoffentlich hat er diese Nachricht verstanden.

Dieser Fall illustriert auf bemerkenswerte Weise wie die Spuren, die wir im Netz hinterlassen, plötzlich zu etwas vollkommen anderem führen können, als wir es beabsichtigen. Eben weil uns unsere Daten im Netz nicht gehören, sondern von jedermann kopiert und somit in Besitz genommen werden können. Selbst, wenn wir glauben, dass diese Daten längst gelöscht sind.

Ist Ihr E-Mail-Konto gehackt, dürften die ersten Suchvorgänge, die jemand durchführt, »Zugangsdaten« und »Passwort« lauten, um zu sehen, wo überall Sie außerdem angemeldet sind. Das Gleiche gilt für Ihren Facebook-Account, wo ein Blick in die Einstellung genügt, um zu sehen, welche Dienste Sie noch über Ihren Facebook-Account nutzen. Doch selbst wenn keine finanziellen Interessen bei einem Angreifer bestehen, können die Folgen eines kompromittierten Facebook-Accounts gravierend sein. Zum Beispiel dann, wenn auf Ihrem Profil plötzlich rassistische oder menschenverachtende Posts veröffentlicht werden, oder aber Beleidigungen gegenüber Freunden und Arbeitskollegen, mit denen Sie über den Dienst verknüpft sind. Vielleicht denken Sie ja in diesem Augenblick: »Wer sollte denn so etwas tun?«, doch das Bloßstellen von Personen im Internet ist für manche Menschen oft einfach nur ein Zeitvertreib, ein böser Spaß, über dessen Konsequenzen sich die Täter meist gar nicht bewusst sind.

Was, wenn Sie in der Vergangenheit Ihre Mail-Adresse auch genutzt haben, um über sie Arbeitsverträge oder Honorarvereinbarungen zu verschicken? Würden Sie wollen, dass diese veröffentlicht werden und dass die ganze Welt weiß, wie viel Geld Sie zum Beispiel als Selbstständiger mit einem Vortrag, einem Buch oder einem Workshop verdienen?

Fehlendes technisches Know-how ist ein weiterer Grund, warum viele Menschen das Thema Sicherheit sehr sorglos angehen. Vielleicht ist das auch bei Ihnen, liebe Leserin und lieber Leser, der Fall. Doch nur weil Sie nicht wissen, wie man eine Smartphone-Sperre umgeht, wo man im Internet E-Mail- und Passwort-Sammlungen findet oder im offenen WLAN den Datenverkehr ausliest, heißt das nicht, dass dafür ein nur wenigen Menschen vorbehaltenes Expertenwissen notwendig ist. Vor allem die jüngere Generation, die in der digitalen Welt groß geworden ist und sich tagein, tagaus mit Hard- und Software beschäftigt, verfügt über ein sehr viel tieferes technisches Verständnis als Ihnen vielleicht bewusst ist. Bitte machen Sie die eigene Unwissenheit nicht zum Maßstab und leiten Sie daraus kein Sicherheitsgefühl ab.

Ich möchte Sie an dieser Stelle einmal bitten, Ihr Smartphone zur Hand zu nehmen und Ihre Bildergalerie zu öffnen. Bitte schauen Sie sich nun die ersten fünfzig Bilder an und fragen Sie sich bei jedem Foto, ob Sie es in einer Zeitung veröffentlichen würden. Auf wie viele Bilder kommen Sie? Gehen Sie anschließend in Ihren Whats-App-Account und gehen Sie durch die letzten zehn, zwölf Chats. Welche dieser Unterhaltungen würden Sie veröffentlichen? Und welche lieber nicht?

Nehmen Sie sich doch bitte einmal die Zeit und überlegen Sie, wo und wie Sie Smartphone, Laptop oder PC eigentlich einsetzen. Lassen Sie Ihr Smartphone im Großraumbüro auch mal auf Ihrem Schreibtisch liegen? Oder vergessen Sie es in der Jackentasche, so dass sich Ihr Telefon unbeaufsichtigt in der Garderobe befindet? Ich weiß, niemand kann sich vorstellen, dass die Kollegen einem das Handy stehlen und ich bin kein Anhänger einer paranoiden Lebensweise, aber wenn Sie ihr Smartphone trotz Ihres lockeren Umgangs dennoch schützen könnten, würden Sie es nicht tun? Würden Sie nicht ein sicheres Passwort verwenden, den Diebstahlschutz und die Speicherverschlüsselung einschalten?

Wenn Sie das Bedrohungsszenario für jedes Ihrer Geräte durchgehen, wird schnell klar, welche Maßnahmen für welches Gerät sinnvoll sind. Ein mobiles Gerät, das Sie überallhin mitnehmen, muss besser geschützt sein als ein stationärer PC, der bei Ihnen im Keller steht. Befinden sich auf diesem PC jedoch die gesammelten Familienbilder der letzten Jahre, ist es ratsam, über ein Cloud-Backup nachdenken, denn sollte der PC durch einen Wasser- oder Feuerschaden kaputt gehen, wären auch Ihre Lebenserinnerungen verloren. Also: Nehmen Sie sich jedes Ihrer Geräte vor und stellen Sie sich die folgenden Fragen:

1. Welche Daten möchte ich auf keinen Fall verlieren oder in den Händen Dritter sehen?
2. Wie könnten diese Daten verloren gehen?
3. Wie kann ich diese für mich wertvollen Daten schützen?

Ich denke, dass Sie mit allen in diesem Ratgeber vorgeschlagenen Sicherheitsmaßnahmen für jedes Ihrer Geräte eine vernünftige Sicherheitsstrategie entwickeln können. Natürlich versprechen diese Maßnahmen keinen hundertprozentigen Schutz. Den gibt es nicht. Aber sie erhöhen die Wahrscheinlichkeit, dass der *worst case* gar nicht erst eintritt. Tut er es doch, werden Sie sich mit Sicherheit über Ihre Bequemlichkeit ärgern.

5.

COMPUTER-SICHERHEIT

In diesem Kapitel beschäftigen wir uns im Speziellen mit Personal Computern. Auch hier sind die Übergänge zu bereits vorgestellten Sicherheitsmaßnahmen fließend. Davon, dass Sie Ihr Gerät mit einem ausreichend starken Passwort schützen sollten, habe ich Sie hoffentlich schon überzeugt (siehe Kapitel 2: *Passwort-Sicherheit*). Doch es gibt noch ein paar weitere Tipps, die ich Ihnen gerne mit auf den Weg geben würde.

Step 36:
Verschlüsseln Sie Ihre Festplatten im Rechner.

Selbst wenn Sie Ihren Rechner mit einem starken Passwort geschützt haben, gibt es eine einfache Möglichkeit für Angreifer, dennoch an Ihre Daten zu gelangen. Diese können, ohne Ihr hoffentlich sicheres Passwort knacken zu müssen, die Festplatte einfach ausbauen und die Daten an einem anderen Rechner auslesen. Um den solcherart vorgenommenen Datenklau zu vermeiden, können Sie Ihre Festplatten verschlüsseln. Sowohl für Windows als auch für Mac und Linux gibt es dafür geeignete Programme. Unter MacOS wird FileVault 2 mitgeliefert.

Diese Funktion finden Sie in den Einstellungen ▶ Sicherheit ▶ FileVault.

Digitale Sicherheit

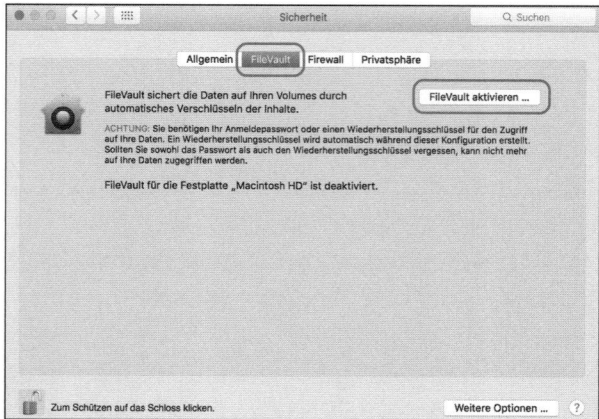

*So aktivieren Sie die Laufwerksverschlüsselung FileVault 2
unter MacOS.*

Sollten Sie mit einer Windows-Version ab Windows 7 in der Pro-Variante arbeiten, können Sie Ihre Festplatten mit dem Programm BitLocker verschlüsseln. Diesen aktivieren Sie über einen Rechtsklick auf einen Datenträger:

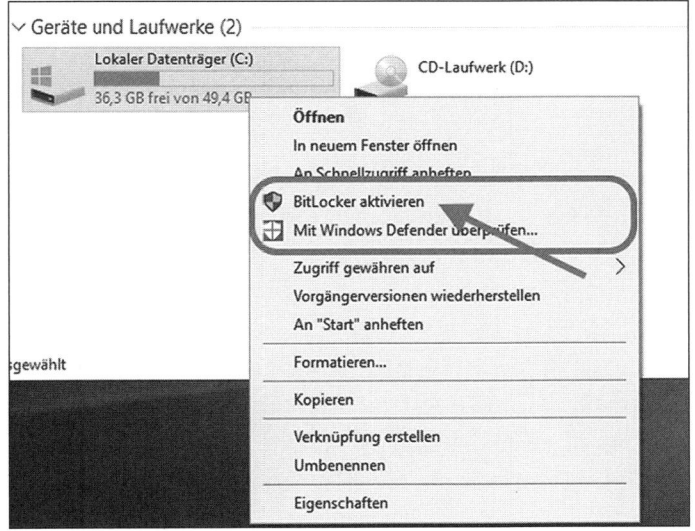

So aktivieren sie die BitLocker-Verschlüsselung für eine Festplatte.

Sollte Windows die Verschlüsselung mit dem Hinweis auf ein fehlendes Trusted Plattform Module (TPM) ablehnen, gibt es im Internet Anleitungen, um die Verschlüsselung dennoch zu aktivieren.

Ebenfalls ab Windows 7 Pro lassen sich auch USB-Sticks und externe Festplatten einfach über einen Rechtsklick auf das Laufwerk mit »Bitlocker-To-Go« verschlüsseln und danach nur noch mit einem Passwort öffnen. Für ältere Windows-Versionen bietet Microsoft das »Bitlocker-To-Go-Lesetool« zum kostenlosen Download an.

Step 37:
Schalten Sie die Ortungsdienste
für Ihren Rechner an.

Was bei Smartphones bereits gang und gäbe ist, wird bei Tablet-PCs oder Notebooks noch oft vernachlässigt. Dabei verfügen auch Sie über eine Ortungsfunktion, mit der das Gerät im Falle eines Verlustes wieder aufgespürt werden kann. In Windows finden Sie die Funktion »Mein Gerät suchen« in den Einstellungen unter Updates & Sicherheit. Um die Funktion zu nutzen, müssen Sie auch die Ermittlung der Position des Gerätes gestatten. Bei einem Mac finden Sie die Funktion ebenfalls in den Systemeinstellungen.

Step 38:
Laden Sie Updates automatisch herunter.

Als Microsoft mit der Einführung von Windows 10 den Nutzern keine Wahl mehr ließ, ob diese ein Update installieren wollen oder nicht, war die Empörung groß. Vom Zwangs-Update war die Rede, viele Nutzer fürchteten zudem unausgereifte Software auf ihre Geräte zu spielen.

In der Tat zeigten Systemabstürze nach Updates, dass die Sorge zum Teil berechtigt war. Mittlerweile hat Microsoft seine Update-Politik wieder etwas gelockert und gibt Nutzern die Möglichkeit, Updates zumindest eine Zeit lang aufzuschieben.

Ich hatte den Kern der Debatte, der regelmäßig um Updates geführt wird, bereits skizziert (siehe Seite 53: *Step 16*). Auch bei Rechnern halte ich es immer für das geringere Übel, alle verfügbaren Updates zu installieren. Schalten Sie außerdem für alle Programme die Update-Automatik ein. Bei selbstständigen Updates ist die Gefahr, einige Programme zu vergessen, einfach zu groß. Ohne diese Updates bleiben jedoch womöglich bereits entdeckte und geschlossene Sicherheitslücken bestehen.

Step 39:
Sollten Sie unterwegs an Ihrem Dienst-Laptop arbeiten, verwenden Sie eine Sichtschutzfolie.

Ob in der S-Bahn zum Flughafen, im ICE, im Café oder auf einer Parkbank ... Es gibt immer mehr Menschen, die die neue mobile Arbeitsfreiheit vollkommen auskosten. Egal, wo sie sich befinden, haben sie Ihren Laptop auf den Knien und tippen eifrig in die Tasten.

Ich weiß nicht, wie oft ich bereits Geschäftsleuten in der S-Bahn über die Schulter geschaut habe, wenn Sie E-Mails, aber auch Kalkulationen, Geschäftsberichte, Angebote oder Rechnungen verfassten. Ich weiß, dass jetzt viele Leser wieder denken, dass in so einem Fall die Wahrscheinlichkeit, ausspioniert zu werden, sehr gering ist. Doch was, wenn zufällig einmal ein Journalist neben einem sitzt, während man die Daten für den Quartalsbericht noch einmal durchgeht? Der ist zwar vertraulich und soll erst in zwei Tagen öffentlich gemacht werden, doch dank der scharfen Augen des Sitznachbarn und meiner Fahrlässigkeit erfährt die Welt am nächsten Tag bereits aus der Zeitung davon – Börsenturbulenzen sind vorprogrammiert.

Wer unterwegs auf seinem Dienst-Laptop arbeitet, sollte es seinen Sitznachbarn so schwer wie möglich machen mitzulesen. Abhilfe schaffen hier spezielle Blickschutzfolien, die man problemlos auf seinem Display auftragen kann. Es gibt diese auch fürs Smartphone. Auf Dienst-Laptops oder -Smartphones sollten Blickschutzfilter unbedingt eingesetzt werden.

Step 40:
Lesen Sie Warndialoge und nehmen Sie diese ernst.

Sollte im laufenden Betrieb an Ihrem Rechner ein Warndialog auftauchen, nehmen Sie diesen ernst. Sollten Sie den Warnhinweis nicht verstehen, schauen Sie nach, was er bedeutet.

In Windows tauchen typische Warnhinweise zum Beispiel immer dann auf, wenn Sie ein Programm installieren. Dann werden Sie gefragt, ob Sie zustimmen, dass das Programm XY Veränderungen an Ihrem Computer vornehmen darf. Wenn Sie gerade im Begriff sind, ein Programm zu installieren, können Sie zustimmen. Haben Sie lediglich einen Link in einer E-Mail angeklickt oder sind auf eine Webseite gesurft, bevor der Warnhinweis auftauchte, sollten Sie diese Anfrage ablehnen.

Step 41:
Fertigen Sie ein Backup Ihrer Daten an und nutzen Sie eine Backup-Automatik.

Auf diesen Punkt werden wir im Kapitel 6 *Datensicherheit* noch ausführlicher eingehen (siehe Seite 119: *Step 44*). Arbeiten Sie in jedem Fall auch bei Backups mit einer automatischen täglichen Sicherung, damit Sie im Falle eines Geräteverlusts auf möglichst aktuelle Daten zugreifen können.

Step 42:
Löschen Sie Festplatten und Speicherkarten vollständig, wenn Sie ein Gerät nicht mehr benutzen oder es weiterverkaufen wollen.

Möchten Sie einen Rechner ausrangieren, etwa weil er zu alt geworden ist, sollten Sie sicherstellen, dass die auf dem Rechner enthaltenen Daten wirklich gelöscht sind. Ich selbst habe es schon erlebt, dass ich beim Kauf einer gebrauchten Kamera auf der enthaltenen Speicherkarte noch private Bilder vorfand. In diesem Fall war es kein Problem. Befinden sich jedoch sensible Bilder oder Daten auf einem weitergereichten Speicher, kann dies unangenehme Konsequenzen nach sich ziehen. Bevor Sie einen Rechner weiterverkaufen, sollten Sie daher sämtliche Speichermedien vollständig löschen.

Im Allgemeinen wird angenommen, dass das Formatieren einer Festplatte oder eines Speichersticks automatisch alle Daten darauf löscht. Dem ist nicht so. Beim schnellen Formatieren wird lediglich das Inhaltsverzeichnis der Festplatte gelöscht, also die Information, welche Daten wo gespeichert sind. Für das Betriebssystem erscheint die Festplatte nun leer, obwohl sich noch immer Daten auf ihr befinden. Wird die so formatierte Platte nun weiter genutzt, werden die alten Daten bei Bedarf einfach überschrieben. Sie müssen sich das wie in einer Bibliothek vorstellen, in der sämtliche Regale bis an den Rand gefüllt sind. Erst wenn neue Bücherlieferungen kommen, werden ein paar der alten Bücher endgültig aussortiert. Alle anderen Bücher des Altbestands bleiben im Regal stehen. Selbst von einer einmal formatierten Festplatte lassen sich also oft noch Daten wiederherstellen. Für den Privatanwender gibt es Programme, die die komplette Festplatte mit unsinnigen Daten überschreiben. Das ist aber nur für herkömmliche Festplatten möglich. Der physikalische Aufbau moderner schneller SSD-Speicher lässt zudem sogar spezielle Software, die für das komplette Löschen einer Festplatte konzipiert ist, ins Leere laufen. Wenn Sie daher eine SSD-Festplatte mit Software von einem Drittanbieter vollständig löschen wollen, müssen Sie sicherstellen, dass dieses Programm SSD-Speicher unterstützt.

• • • • • • •

TIPP: Mittlerweile bieten die führenden Festplattenhersteller wie Samsung oder Intel eigene Tools an, die ihre SSD-Speicher vollständig bereinigen.

• • • • • • •

Die sicherste Methode ist die physikalische Zerstörung der Festplatte in einem speziellen Schredder, Ofen oder Degausser. Dafür gibt es Dienstleister. Dieses hohe Maß an Sicherheit ist aber meiner Meinung nach für den Privatanwender nicht nötig.

Sollten Sie mit einer verschlüsselten Festplatte arbeiten, haben Sie keine Probleme mit lesbaren Datenresten. Ohne den Schlüssel sind für einen Dritten diese Daten auf Ihrer Festplatte nicht zu finden. Ist der Schlüssel weg, sind die Daten komplett unbrauchbar ... also gelöscht.

Step 43:
Vertrauen Sie Ihre Sicherheit nicht ausschließlich einem Viren- oder Schutzprogramm an.

Virenprogramme verlieren immer mehr an Bedeutung. Zum einen, weil die Hersteller von Betriebssystemen Ihre Produkte immer sicherer machen und mit guten sogenannten Onboard-Lösungen versehen. Zum anderen, weil sie im Betrieb den Rechner verlangsamen und – wie Studien gezeigt haben – den Nutzer mit zu häufig eingesetzten Warnungen abstumpfen lassen.

Virenprogramme können immer nur nach bekannten Bedrohungen suchen. Kommt eine neue Schadsoftware in Umlauf, sind Sie dieser auch mit dem besten Virenprogramm solange schutzlos ausgeliefert, bis die neue Bedrohung entdeckt ist und ein Gegenmittel entwickelt wird. Da Schadsoftware von Angreifern heutzutage für jeden Anwendungsfall neu zusammengestellt wird, ist sie meistens für die Scanner der Schutzprogramme nicht erkennbar.

Mittlerweile sind Browser und Betriebssysteme so programmiert, dass die Schutzprogramme von Drittanbietern meist mehr Schaden anrichten als zu nutzen. Sie bremsen nicht nur die Arbeitsgeschwindigkeit deutlich aus, sondern öffnen bei der Suche nach Schädlingen mittlerweile selbst Sicherheitslücken für Angreifer.

Da der mit Windows mitgelieferte Defender mittlerweile sehr gute Testergebnisse erzielt, automatisch aktualisiert wird und bestens in das Betriebssystem integriert ist, können Sie sich das Geld für weitere Schutzsoftware getrost sparen.

Der größte Virenschutz ist ohnehin der Mensch, der vor dem Rechner sitzt. Wer im Netz nach Software mit entferntem Kopierschutz, illegalen Sport- oder Fernsehstreams sucht, und dabei der Aufforderung nachkommt, Installationsprogramme oder Codes zu installieren, muss damit rechnen, seinen Rechner mit Schadcode zu infizieren.

Fehlt da nicht noch etwas? Eine Sicherheitsmaßnahme bezüglich der Kamera zum Beispiel? Sollten Sie sich dies jetzt fragen, kann ich Ihnen versichern: Das Abkleben der Kamera, wie man es immer öfter sieht, können Sie sich getrost sparen. Sollte ein Angreifer die Kontrolle über Ihre Kamera haben, gehört ihm bereits Ihr gesamter Rechner. Die Bilder von der Kamera sind für einen solchen Angreifer nur noch die Kirsche auf der Torte. In der Regel dürfte er bereits sämtliche Daten von Ihnen besitzen, an die er gelangen wollte.

6.

DATEN-
SICHERHEIT

In den vorangegangen Kapiteln haben wir uns dem Thema Datensicherheit vor allem von Soft- und Hardware-Seite genähert und erklärt, wie Sie für Angreifer den Zugriff auf Ihre Daten einschränken können oder ihn zumindest erschweren. Doch all diese Maßnahmen sind gegen die höhere Gewalt, die etwa von einer umgestoßenen Kaffeetasse ausgeht, machtlos. Im Fall eines Wasserschadens, der zu einem Kurzschluss führt, kann es passieren, dass Daten unrettbar verloren sind, wenn es keine Kopie davon gibt. Das Thema Backup ist eigentlich ein alter Hut und dennoch disziplinieren sich die wenigsten Nutzer, ihre Daten an einem zweiten Ort sicher abzuspeichern. Dabei ist das Backup die komfortabelste und einfachste Variante, um im Falle eines Datenverlustes schnell wieder an seine Daten zu gelangen.

Step 44:
Legen Sie regelmäßig ein Backup Ihrer Daten an und verwahren Sie diese Kopie sicher.

Mittlerweile haben Sie auch bei einem Backup die Wahl, ob Sie die Sicherung auf einer lokalen Festplatte anlegen oder aber in der Cloud ablegen. Setzen Sie niemals nur auf das eine oder andere. Lokale Backups haben den Vorteil, dass Sie schnell erstellt werden können. Cloud-Backups dauern durch die meist gebremste Upload-Geschwindigkeit dagegen oft sehr lange. Der Erst-Upload kann beispielsweise mehrere Tage in Anspruch nehmen. Auch die Bedienung der Recovery-Funktion ist oft mühselig. Es gibt daher sogar Hersteller, die dem Nutzer lieber eine Festplatte zusenden. Einen unschlagbaren Vorteil eines Cloud-Backups gibt es jedoch: Sie haben automatisch ein Backup, das an anderer Stelle lagert als in Ihrem Büro oder heimischen PC (siehe Seite 122: *Step 46*).

Für das Erstellen eines lokalen Backups auf einer externen Festplatte liefern Ihnen sowohl Mac als auch PC brauchbare, bereits eingebaute Lösungen. Beim Mac ist das Time Machine. Das Programm erstellt automatisch stündliche Backups der letzten 24 Stunden, tägliche Backups des letzten Monats sowie wöchentliche Backups aller vorigen Monate. Ist die Festplatte voll, werden die ältesten Daten automatisch gelöscht. Darüber hinaus kann Time Machine auch mit mehreren Festplatten abwechselnd benutzt werden. Ein weiterer Vorteil: Time Machine sichert den kompletten Rechner inklusive aller Einstellungen. Spielen Sie ein solches Backup auf einen neuen Rechner, ist es, als würden Sie an Ihrem alten sitzen.

Am PC finden Sie die Möglichkeit zum Backup in den Einstellungen Updates & Sicherheit. Wenn Sie dort den Dateiversionsverlauf aktivieren, können sie ein externes Laufwerk anschließen und bestimmen, dass Sicherheitskopien von allen Dateien, an denen Sie arbeiten, auf diesem Laufwerk gesichert werden. Verlieren Sie Ihre Daten oder wird Ihr System beschädigt, können Sie mit der Funktion »Dateien von einer aktuellen Sicherung wiederherstellen« entscheiden, welche Version Ihrer Datei Sie wiederherstellen möchten.

Um ein vollständiges Backup Ihrer Daten zu erstellen, sollten Sie am PC allerdings auf die Software von Drittanbietern ausweichen. Ein gutes Preis-Leistungsverhältnis bei hohem Funktionsumfang inklusive Online-Backup bietet zum Beispiel die Software Nero BackItUp. Kostenlose Tools gibt es zum Beispiel von Aomei oder von Paragon.

Step 45:
Merken Sie sich: In der Cloud synchronisierte Daten (à la Dropbox) sind kein Backup.

Der Verzicht auf ein vernünftiges Backup liegt bei vielen Nutzern auch darin begründet, dass Sie Ihre Daten bei einem Cloud-Anbieter, wie Dropbox, Google Drive oder ähnlichen synchronisieren. Sicher, geht der Rechner verloren oder wird er zerstört, können die Daten aus der Cloud problemlos wiederhergestellt werden. Kommt es jedoch zu einem Hack, beispielsweise durch ein schwaches oder enttarntes Passwort, und wird Ihr Account von den Angreifern übernommen, können diese Ihre Daten ohne Weiteres aus der Cloud entfernen. Hier ist also die lokale Festplatte für diesen Fall der bessere Schutz.

Außerdem werden Dateien, die zum Beispiel durch einen Speicherfehler auf der Festplatte zerstört wurden, gnadenlos mitsynchronisiert und das meist innerhalb weniger Minuten. Die Originaldatei auf dem Server wird dann durch die kaputte überschrieben und ist somit auch verloren.

Step 46:
Verwahren Sie eine Sicherheitskopie Ihrer Daten in einem anderen Gebäude als Ihrem Büro.

Auch ein lokales Backup bietet Ihnen keinen hundertprozentigen Schutz vor einem vollständigen Datenverlust. Stellen Sie sich vor, in Ihrem Büro brennt es. Dabei wird nicht nur Ihr Rechner zerstört, sondern auch das lokale Backup, das in einer Schublade in Ihrem Schreibtisch lagerte. Ich empfehle daher, am Ende einer jeden Arbeitswoche ein Backup auf einer lokalen Festplatte mit nach Hause zu nehmen. Dort bleibt es, bis es am Ende der nächsten Woche aktualisiert wird. Sollten Sie die Funktionalität eines täglichen Cloud-Backups nutzen können, sind Ihre Daten zusätzlich an einem anderen Ort aufgehoben.

Step 47:
Testen Sie vor dem Ernstfall die Recovery-Funktion Ihres Backups.

Ein Backup ist nur so gut wie das Recovery. Wenn Sie ein Backup erstellt haben, probieren Sie bitte an einem anderen Rechner aus, ob und wie das Recovery funktioniert. Selbst bei renommierten Herstellern tauchen beim Recovery immer wieder Probleme auf. Gehen Sie den Fehlermeldungen auf den Grund und probieren Sie Lösungen so lange aus, bis das Recovery funktioniert. Gelingt Ihnen das nicht, oder ist der Aufwand zu groß, wechseln Sie auf eine andere Backup-Lösung und probieren Sie diese aus.

Das Testen der Recovery-Funktion bereitet Sie auf den Ernstfall vor. Jeder Datenverlust, ob durch Diebstahl, Feuer oder einen Wasserschaden, bedeutet eine emotionale Ausnahmesituation. Bereits zu wissen, wie Sie wieder an Ihre Daten kommen, hilft Ihnen, diese Situation besser zu meistern.

Der Test stellt zudem auch sicher, dass Sie im Ernstfall genau wissen, welche Informationen Sie benötigen, um das Recovery zu erstellen. Benötigen Sie bei einer kostenpflichtigen Variante einen Lizenzierungsschlüssel? Oder reicht ein Login auf der Webseite aus, der verifiziert, dass Sie das Backup installieren können?

Step 48:
Sichern Sie Ihre E-Mails extra und lassen Sie sie nicht alle in Ihrem Postfach liegen.

Normalerweise ist E-Mail-Sicherheit heutzutage kein Problem mehr. Wer die IMAP-Funktion seines Mail-Anbieters nutzt, hat an jedem Rechner der Welt Zugriff auf all seine E-Mails und kann diese – falls der Rechner verloren oder kaputt geht – schnell wieder installieren, da sich das gesamte Postfach nicht nur auf dem Rechner, sondern eben auch auf dem Server des Mail-Anbieters befindet. Auch die Speicherbegrenzung spielt eine immer kleinere Rolle. Allerdings gilt auch bei E-Mails die Devise: Je weniger Daten auf einem Rechner sind, desto weniger kann verloren gehen.

Ein Beispiel: Wird Ihr E-Mail-Konto gehackt, haben die Angreifer Zugriff auf sämtliche Nachrichten, die sich in Ihrem E-Mail-Konto befinden. Finden sich dort nur noch Nachrichten aus dem letzten Monat, ist der Verlust viel weniger schwerwiegend und auch die Möglichkeiten, kompromittierende Daten zu finden, sind eingeschränkt.

Eine sehr gute Möglichkeit, seine E-Mails extern zu speichern und anschließend im Postfach zu löschen, bietet die für Privatanwender kostenlose Software MailStore, die ohne Probleme verschiedene E-Mail-Konten sichert und im Bedarfsfall wiederherstellt.

Zum Ende dieses Kapitels möchte ich Ihnen als Motivation noch zwei alte Administratoren-Sprichworte mit auf den Weg geben:

Kein Backup, kein Mitleid.

Und:

Ein Backup ist kein Backup.

Wer keine Kopien seiner Daten anlegt oder Kopien seiner Daten nicht sicher verwahrt, ist im Falle eines Totalverlustes mitschuldig.

7.

SICHERE KOMMUNIKATION

In diesem Kapitel beschäftigen wir uns mit der Sicherheit von Daten, die Sie online verschicken. Dabei kann es sich um Verträge oder persönliche Nachrichten handeln.

Step 49:
Prägen Sie sich ein: Die Kommunikation per E-Mail ist nicht sicher.

Wie bereits erwähnt, (siehe Seite 22: *Step 2*) ist die Kommunikation von Daten per E-Mail grundsätzlich nicht sicher. Technisch wäre es zwar möglich, die E-Mail-Kommunikation von A nach B komplett sicher zu gestalten, allerdings ist dies sehr kompliziert. Dazu müssten Sender und Empfänger zuvor einen Schlüssel austauschen, der beide Seiten während der Kommunikation identifiziert. Ein sehr komplexer Vorgang, zumal er zwischen jeder Person, mit der man per E-Mail sicher kommunizieren will, in Gang gesetzt werden muss. Auch ist es in der Vergangenheit sogar vorgekommen, dass Mail-Programme die Verschlüsselten Inhalte doch offen gelegt haben.

Step 50:
Verwenden Sie für das Versenden von wichtigen Daten über das Internet einen verschlüsselten Messenger.

Sollten Sie vertrauliche Nachrichten mit vertraulichen Anhängen verschicken müssen, benutzen Sie dafür einen verschlüsselten Messenger, wie zum Beispiel Threema. Zwar besteht auch bei einem beliebten Messenger wie WhatsApp zwischen Empfänger und Sender eine verschlüsselte Verbindung, die nicht leicht zu knacken ist, allerdings ist der Umgang in Sachen Datenschutz bei jedem Messenger anders.

So kann man in WhatsApp bereits Daten von anderen einsehen, ohne dass diese einer Kommunikation über den Messenger zugestimmt haben. Außerdem lädt WhatsApp das komplette Adressbuch auf Server von Facebook, damit dort ein noch komplexeres Datennetzwerk gestrickt werden kann.

Diese Funktion macht es im Grunde genommen auch unmöglich, WhatsApp in einem Firmenumfeld zu benutzen. Die Weitergabe von Daten von Drittpersonen ohne deren Zustimmung an Facebook verstößt nämlich gegen die neue Datenschutz-Grundverordnung (DSGVO). Zwar lässt sich diese Synchronisation abschalten, doch danach lässt sich der Messenger nicht mehr wirklich benutzen. Mittlerweile hat die EU den Austausch von Daten zwischen Facebook, WhatsApp und Instagram untersagt.

Doch Facebook will dagegen vorgehen und sich das Datensammeln nicht verbieten lassen.

Ein weiteres Problem ist, dass Messenger wie WhatsApp die Identität immer auch an der Telefonnummer ihrer Nutzer festmachen. Ein wirklich sicherer Messenger wie zum Beispiel Threema verzichtet auf die Verknüpfung von Telefonnummer und Messenger-Dienst und setzt stattdessen auf eine eigene Identifikation (Threema-ID).

Messenger	Ende-zu-Ende-Verschlüsselung	Verschlüsselt standardmäßig	Verschlüsselte Gruppenchats	Telefonnummer verbergen möglich	Daten sparsam
Threema	👍	👍	👍	👍	👍
Signal	👍	👍	👍	👎	👍
WhatsApp	👍	👍	👍	👎	👎
iMessage (nur iOS)	👍*	👍	👍	👍**	👍
Facebook Messenger	👎	👎	👎	👍	👎
Telegram	👍	👎	👎	👎	👍

Messenger-Funktionalität und Datensicherheit im Vergleich
*nicht, wenn auf SMS zurückgegriffen wird
** Statt der Telefonnummer kann eine Mail-Adresse genutzt werden.

8.

ALEXA, KAMERAS UND ANDERE WANZEN

Die Digitalisierung unseres Alltags schreitet immer weiter voran. Lichtschalter, Fernseher, Zahnbürsten, Glühbirnen, Lautsprecher ... ganz normale Alltagsgegenstände sind heutzutage internetfähig, um dem Kunden vermeintlich ein Mehr an Komfort und Nutzen zu bieten. Aber ist das wirklich so? Ist es wirklich sinnvoll, sich eine Wanze in sein Wohnzimmer zu stellen, die jedes Gespräch aufzeichnet, beim Sex zuhört, Streitereien und Partys mitbekommt? Will die Polizei das Telefon eines Verdächtigen anzapfen, ist dafür ein richterlicher Beschluss notwendig. Denn das Abhören des unmittelbaren privaten Umfeldes stellt einen tiefen Eingriff in die Privatsphäre dar. In Zeiten, in denen Menschen Privates immer häufiger aus freien Stücken öffentlich preisgeben, scheint eine solche Regelung überholt. Doch sie ist auch im 21. Jahrhundert noch immer sinnvoll (siehe das Kapitel *Bedrohungsszenarien*).

Step 51:
Vermeiden Sie den Einsatz von Smart-Speakern und anderen smarten Alltagsgeräten in Ihrem Zuhause.

Wie unsicher der Umgang mit Smart-Speakern wie Alexa und Co ist, zeigte sich im vergangenen Jahr. Teil der neuen Datenschutz-Grundverordnung ist nämlich auch eine Auskunftspflicht von Unternehmen gegenüber ihren Kunden. Als nun ein Nutzer von Amazon wissen woll-

über ihn mittels seiner smarten Echo-
der Vergangenheit erfasst worden waren,
Audiofiles zur Verfügung gestellt. Das Prob-
en gar nicht seine, sondern die vieler anderer
Nutzer! Das Versehen war wohl auf menschliches
Versagen zurückzuführen, es zeigt dennoch, wie schnell
sensible private Daten heutzutage in die Hände von Fremden geraten können.

Wie fühlen Sie sich eigentlich bei der Vorstellung, dass
fremde Menschen Gespräche anhören können, die Sie zu
Hause führen?

Doch nicht nur die smarten Lautsprecher von Amazon,
Google und Co können zu Hause mithören. Auch moderne Smart-TVs mit Internetanbindung und permanent akti-
vierter Sprachsteuerung können zur alles hörenden Wanze umfunktioniert werden. Oft sind diese Smart-TVs sogar
die gefährlicheren Geräte, da die auf ihnen eingesetzte
Software oft sehr rudimentär ist und sich die Hersteller
nur selten die Mühe machen, entdeckte Sicherheitslücken
per Update zu schließen. In der Vergangenheit zeigte sich
auch, dass Smart-TV von LG, Samsung, Sony, Panasonic
oder Philips von den Herstellern genutzt werden, um Daten über das Konsumverhalten der Nutzer zu sammeln.
Natürlich ohne sich die Einwilligung dazu einzuholen.
Die Daten wurden dann weiter verkauft, unter anderen an
TV-Sender, aber auch an Internet- und Cloud-Dienstleister
wie Google, Amazon oder Microsoft.

Sollten Sie ein Smart-TV nutzen, schließen Sie das Gerät am besten im Gäste-WLAN ans Netz. Tun Sie das nicht,

kann Ihr Fernseher eine Gefahr für alle anderen Geräte in Ihrem Heim-Netzwerk darstellen. Jedes Gerät, das in Ihrem Netzwerk sichtbar ist, öffnet einen Kommunikationskanal. Gibt es dann eine Sicherheitslücke, kann darüber womöglich auf alle anderen Geräte zugegriffen werden.

Bewahren Sie sich bitte eine gesunde Skepsis gegenüber internetfähigen Alltagsgeräten und informieren Sie sich vor einem Kauf immer auch über integrierte Sicherheitsmaßnahmen und den Leumund des Herstellers. Tun Sie es nicht, kann selbst eine Glühbirne zum Trojaner in Ihrem Heimnetzwerk werden. Benutzen Sie eine internetfähige Lampe, braucht sich Ihr Nachbar nur die Birne zu schnappen und kann Ihr WiFi-Passwort auslesen. Anschließend kann er sich in Ihrem WLAN-Netzwerk einloggen, den Datenverkehr abfangen und manipulieren. Auch die Firmware einer solchen Leuchte kann angreifbar sein und gegen eine Trojaner-Firmware ausgetauscht werden.

9.

WAS TUN, WENN DAS KIND IN DEN BRUNNEN GEFALLEN IST?

Sollten Sie Opfer von Hackern geworden sein, steht Ihnen nicht nur ein mühseliger Kampf bevor: Die Wahrscheinlichkeit, dass Sie diesen Kampf am Ende auch noch verlieren, ist leider sehr hoch. Sollte beispielsweise Ihr Mail-Account von Fremden übernommen worden und das Passwort verändert worden sein, müssen Sie sich sofort an den Support Ihres E-Mail-Dienstleisters wenden. Leider ist der Support gerade bei kostenlosen Anbietern oft mangelhaft. So kann es passieren, dass ein gekapertes Google-Konto trotz aller technischen Wiederherstellungsmaßnahmen (das letzte Passwort eingeben, an das man sich erinnern kann/Sicherheitsfrage beantworten/Datum der Kontoerstellung verifizieren), einen dennoch nicht als Besitzer des Kontos anerkennt und es somit im Besitz der Hacker bleibt.

In so einem Fall ist Ihr Konto verloren beziehungsweise der Aufwand enorm hoch, dennoch wieder in seinen Besitz zu gelangen. Vor allem dann, wenn Ihnen kein »menschlicher« Support, also ein echter technischer Mitarbeiter, zur Verfügung steht, sind Ihre Chancen gleich null. Ihnen bleibt nur übrig, ein neues E-Mail-Konto einzurichten. Denken Sie dabei über einen Anbieterwechsel nach.

Als Nächstes sollten Sie Ihre engsten Freunde informieren, dass Ihr altes E-Mail-Konto nicht mehr in Ihrem Besitz ist und dass Ihre Freunde Nachrichten, die sie eventuell über das alte Konto erhalten, nicht beachten sollen. Kriminelle versuchen mit gekaperten E-Mail-Konten oft, Freunde dazu zu bewegen, dem ursprünglichen Besitzer aus der Patsche zu helfen. Zum Beispiel weil dieser im

Urlaub überfallen worden sei und nun einen bestimmten Betrag brauche, um wieder nach Hause zu kommen. Die Überweisung erfolgt dann per Bargeld-Service und kann nicht mehr rückgängig gemacht werden.

Haben Sie Ihre Freunde informiert, sollten Sie sämtliche Online-Accounts, die Sie mit der alten E-Mail ebenfalls nutzen, überprüfen. Haben Sie noch Zugriff, ändern Sie sofort die eingetragene Mail-Adresse und das Passwort. Und aktivieren Sie – falls noch nicht geschehen – die Zwei-Faktor-Authentifizierung.

Sollten Ihr Facebook-Konto oder andere Social-Media-Konten kompromittiert worden sein, haben Sie dagegen recht gute Chancen, Ihren Account wiederzuerlangen. Informationen finden Sie in den Support-Seiten der jeweiligen Anbieter. Bei Facebook kann es zum Beispiel ratsam sein, den Kontakt eines Freundes zu hinterlegen, der im Notfall Ihre Identität bestätigt. Nicht alle dieser Sicherheitsmaßnahmen verdienen das Prädikat wertvoll: Die Angabe beispielsweise Ihres Geburtsdatums sollte, wie schon gesagt, für niemanden auf der Welt mit Internetanschluss ein Problem darstellen.

Nochmal: Sollten Sie gehackt werden, sind Sie auf Gedeih und Verderb dem Support Ihres Online-Anbieters ausgeliefert. Die häufigste Erkenntnis bei Betroffenen lautet daher:

»Hätte ich mal vorher ein bisschen mehr in meine Sicherheit investiert.«

Während für Privatpersonen ein Hacker-Angriff oft nur mit einem ideellen Schaden und einem hohen Zeitaufwand verbunden ist, kann er Firmen richtig teuer zu stehen kommen.

In den vergangenen Jahren sorgten Angriffe mit Ransomware weltweit für Aufsehen. Die Angreifer drangen dabei über Sicherheitslücken ins das IT-System ein und verschlüsselten die Daten, die sie fortan als Geisel hielten. Die Herausgabe des Schlüssels, um die Daten wieder lesbar zu machen, erfolgte erst nach einer Lösegeldzahlung. In einer Anwaltskanzlei, die 2016 von einem solchen Angriff betroffen war, entstand so ein Schaden von mehr als 50 000 Euro. Dieser hätte bereits durch ein tägliches, speziell gesichertes Backup aller Daten verhindert werden können. Doch so ein Backup gab es nicht. Um nicht die Arbeit der zurückliegenden Tage zu verlieren, entschloss man sich zu zahlen. Auch hier lautete damals die Erkenntnis: »Hätten wir mal lieber zuvor in die Sicherheit unserer IT-Struktur investiert.«

10.

SAGEN SIE ES WEITER! WIE HALTEN ES IHRE FAMILIE UND FREUNDE MIT DER DIGITALEN SICHERHEIT?

Zur Kommunikation gehören immer mindestens zwei Personen. Nun, wo Sie mit den wichtigsten Sicherheitsmaßnahmen vertraut sind, sollten Sie innerhalb der Familie oder aber mit Freunden das Thema digitale Sicherheit besprechen. Fragen Sie doch einfach mal, wer alles einen Passwort-Manager benutzt? Oder wer sein Smartphone mit einem Passwort statt mit einem vierstelligen PIN schützt? Wer verschlüsselt seine Festplatten auf seinem Rechner? Und wer nutzt seinen Facebook-Account auch für die Anmeldung bei Drittanbietern? Und wer benutzt sein E-Mail-Passwort auch bei Drittanbietern? Wer fertigt regelmäßig Backups seiner Daten an? Und warum melden sich die besten Freunde nicht auch bei Threema oder in einem anderen sicheren Messenger an?

Nutzen Sie diese Gespräche, um über die Gefahren aufzuklären, die mit einem ungenügenden Schutz einhergehen, und geben Sie Ihr Wissen und Ihre hoffentlich geweckte Motivation, mehr für Ihre digitale Sicherheit zu tun, ruhig an andere weiter. Empfehlen Sie Software, mit der Sie selbst gute Erfahrung gemacht haben. Und wer weiß, vielleicht bekommen Sie selbst auch noch den einen oder anderen Tipp zurück. Datensicherheit ist ein Thema, das uns alle angeht.

Doxing, Hacking, Phishing: Das kleine Hacker-ABC

Doxing, Hacking, Phishing, Social Engineering – geht es um den Diebstahl oder das Ausspähen von Daten, tauchen oft verschiedene Fachbegriffe auf, hinter denen sich unterschiedliche Angriffsmuster verbergen. Hier eine Übersicht:

Doxing

Beim sogenannten Doxing handelt es sich um die Verbreitung eigentlich ohnehin öffentlich zugänglicher Daten wie Adressen, Telefonnummern, aber auch Bilder oder Dokumente. Obwohl diese Daten für jedermann durch etwas Recherche zugänglich sind, wird die betroffene Person durch die stärkere öffentliche Verbreitung unter Druck gesetzt. Es macht einen Unterschied, ob die Telefonnummer des Büros eines Politikers auf einer Webseite unter den Kontakten steht, oder aber auf Twitter oder Facebook tausendfach geteilt wird und dort von ein paar Hundert unbedarften Seelen zum Spaß einfach mal ausprobiert wird. Besonders kritisch wird das Doxing immer dann, wenn es um Informationen wie die Privatadresse oder die Mobilnummer geht. Oft kann es sich bei den gedoxten Dokumenten auch um alte Bilder oder Zitate aus der Vergangenheit handeln, die durch die aktuelle Verbreitung plötzlich wieder in den Blickpunkt der Öffentlichkeit geraten und die Person in ein schlechtes Licht rücken.

Hacking

Vom Hacking redet man, wenn sich eine Person unbefugt Zugang zu einem Computer oder Netzwerk verschafft. Meist werden dabei Sicherheitsmaßnahmen umgangen oder Sicherheitslücken des Systems genutzt, um sich Zugang zu verschaffen. Nicht immer ist ein Hack mit krimineller Energie verbunden. Manchmal ist es auch einfach das Ziel der Hacker, ein technisches Gerät anders zu nutzen als vom Hersteller vorgesehen. In diesem Fall gilt der Hack meist keinem fremden System oder Gerät. Grundsätzlich unterscheidet man bei Hackern zwischen den sogenannten White Hats und den Black Hats. Finden White Hats eine Sicherheitslücke, informieren sie den Hersteller, damit dieser die Schwachstelle beheben kann. Black Hats versuchen dagegen, über eine entdeckte Sicherheitslücke sensible Daten wie Passwörter oder Zahlungsinformationen abzufangen, um diese weiterzuverkaufen oder selbst zu nutzen.

Phishing

Der Begriff Phishing ist vom englischen Wort *fishing* abgeleitet und bezeichnet die Methode, mit Hilfe von gefälschten Webseiten und E-Mails nach Login-Daten zu fischen. Dabei versuchen die Täter, Ihre Opfer mit unterschiedlichen Tricks in die Falle zu locken. So kann man beispielsweise eine Bestellbestätigung in seinem Mail-Postfach vorfinden – für eine Bestellung, die man nie getätigt hat. Ein Link in der Mail gibt einem explizit noch einmal die Möglichkeit, die Bestellung zu bestätigen und zu löschen. Folgt man dem Link, landet man auf einer gefälschten Webseite. Gibt man dort seine Login-Daten ein, befinden sich diese von nun an im Besitz der Angreifer. In der Vergangenheit wurden Phishing-Mails auch bereits im Namen des Bundeskriminalamtes verschickt – natürlich ein gefälschter Absender. Darin wurde auf eine Sicherheitslücke verwiesen und eine Prüfung angeboten. Gab man seine Login-Daten zur vermeintlichen Sicherheitsüberprüfung an, waren diese verloren. Auch Banken verschicken mittlerweile regelmäßig Hinweise, dass Sie niemals per Mail nach einer Bestätigung der Login-Daten Ihrer Kunden fragen. Sollten Sie eine solche Aufforderung in Ihrem E-Mail-Postfach finden, geraten Sie niemals in Panik und klicken Sie keine Links in dieser Mail an.

Social Engineering

Stellen Sie sich vor, Sie werden am späten Abend oder gar am Wochenende vom IT-Service Ihres Unternehmens angerufen und über eine Notlage, zum Beispiel einen Hack, informiert. Sie müssten nun leider sofort in die Firma. Sollten Sie zögern und nachfragen, bietet der Mann Ihnen an, das Konto eigenständig zu überprüfen, wenn Sie ihm Ihr Passwort verraten. Toller Service. Nur sind Sie leider von Kriminellen ausgetrickst worden. Mit Hilfe von psychologischen Tricks, die meist auf unsere Bequemlichkeit abzielen, versuchen Betrüger, sensible Login-Daten zu erbeuten.

Ein anderes Beispiel. Stellen Sie sich vor, Ihnen begegnet im Foyer Ihres Büros ein Mann im Blaumann und mit technischem Gerät. Er gibt vor, dass er vom Hausmeister angerufen wurde und im Serverraum die Sicherungen auswechseln oder überprüfen muss. Würden Sie in diesem Fall genauer nachfragen oder dem Mann den Weg zum Serverraum erklären? Social Engineering betrifft jedoch auch Privatpersonen. So kann es passieren, dass Männer oder Frauen plötzlich private Nachrichten mit verführerischem Inhalt über Facebook erhalten. Der Absender gibt vor, sich in den Besitzer oder die Besitzerin des Profils verguckt zu haben und überschüttet ihn mit Bestätigung, Anerkennung und Schmeicheleien. Dem Entwickler Robin Sage gelang es auf diese Weise, führenden Militärs und Politikern reihenweise Geheimnisse zu entlocken. Das einzige Sicherheitssystem, in das er eindringen musste, war das Gehirn der Menschen, mit denen er kommunizierte. Man spricht daher in solchen Fällen auch vom Human Hacking. Die sogenannte *Russian-Bride*-Methode, mit der vor allem Single-Männer um ihr Geld gebracht werden sollen, bedient sich ebenfalls der Methoden des Social Engineerings. Hier wird alleinstehenden Männern die mögliche Anbahnung einer Beziehung vorgegaukelt.

Ein besonders einfallsreicher Fall von Social Engineering ist der Anruf beim Support mit Hilfe von Babygeschrei im Hintergrund. Hier ruft eine scheinbar entnervte Frau an, die ihrem Mann unbedingt eine Mail von seinem privaten Account ins Büro schicken solle. Es sei dringend. Das Passwort habe sie aber wohl leider falsch aufgeschrieben und ihr Mann sei nun in einem Meeting und leider nicht zu erreichen. Als ob diese Geschichte nicht bereits sehr überzeugend ist, ertönt im Hintergrund auch noch immer lauter werdendes Babygeschrei. Dass es vom Band kommt, kann der Service-Mitarbeiter natürlich nicht wissen. Stattdessen ist er – menschlich vollkommen verständlich – so hilfsbereit und sorgt dafür, dass die arme Mutter Zugang zu dem E-Mail-Konto erhält. Sie können sich denken, dass der Schutz vor ausgeklügeltem Social Engineering oft viel schwieriger ist, als der Schutz vor einem profanen Hackerangriff.

Unter *www.hackerimpfung.de* finden Sie weiterführende Informationen und Anleitungen rund um das Thema Datensicherheit.

Ihre Sicherheits-Checkliste

Wie gewinnt man den Kampf gegen die eigene Bequemlichkeit? Diese Frage stellt sich uns im Leben oft, ob im
Job oder im Alltag. Auch beim Thema Sicherheit machen
wir es uns oft viel zu leicht. Es wird ja schon nichts passieren. Das beste Mittel gegen das Aufschieben eines Projek-
tes sind feste Verabredungen. Meine Empfehlung: Tragen
Sie ab sofort eine Stunde im Monat für digitale Sicherheitsfragen in Ihren Terminkalender ein. In dieser Stunde
kümmern Sie sich darum, die wichtigsten, in diesem Ratgeber vorgeschlagenen Sicherheitsmaßnahmen eine nach
der anderen umzusetzen. Sie werden sehen: Nach sechs
Monaten brauchen Sie womöglich gar keine Stunde mehr,
sondern müssen lediglich Updates und Backups überprüfen.

Arbeiten Sie Ihre persönliche Sicherheits-Checkliste
wie folgt ab:

☐ Legen Sie sich einen Passwort-Manager zu. Oder verwenden Sie für all Ihre Accounts starke Passwörter und PINs. Wichtig: Verwenden Sie Passwörter und PINs nicht mehrfach.

☐ Ihr Mail-Account ist der Schlüssel zu fast allen Ihren Accounts. Hüten Sie ihn wie Ihren Augapfel. Erwägen Sie die Einrichtung eines Zweit-Accounts, den Sie fortan für alle Anmeldungen bei Online-Diensten nutzen, während Ihr »alter« Mail-Account ausschließlich für die tatsächliche Kommunikation dient.

☐ Deaktivieren Sie die HTML-Darstellung in Ihrem E-Mail-Programm.

☐ Aktivieren Sie – wo immer möglich – die Zwei-Faktor-Authentifizierung, um Ihre Online-Accounts noch besser zu schützen.

☐ Sollten Sie um das Hinterlegen einer Sicherheitsfrage gebeten werden: Denken Sie sich eine persönliche Sicherheitsfrage und eine nur Ihnen bekannte Lüge aus.

☐ Kein Backup, kein Mitleid! Richten Sie für jedes Gerät Backups ein und prüfen Sie mindestens einmal, ob das Recovery, also das Einspielen des Backups, wie gewünscht funktioniert.

☐ Überprüfen Sie, ob auf Ihrem PC oder Smartphone sämtliche verfügbaren Updates installiert sind.

☐ Aktivieren Sie die Verschlüsselung von Festplatten und Datenträgern.

☐ Richten Sie ein VPN-Netzwerk an Ihrem Laptop und/ oder Smartphone ein, um Ihre WLAN-Kommunikation zu schützen.

☐ Meiden Sie im beruflichen Umfeld WhatsApp als Messenger und setzen Sie stattdessen einen sicheren Messenger ein. Versuchen Sie Freunde und Bekannte ebenfalls vom Einsatz sicherer Messenger zu überzeugen.

☐ Prüfen Sie Daten, E-Mails, Programme und Apps, ob Sie diese noch benötigen und nutzen. Falls nicht: Löschen Sie die Daten oder deinstallieren Sie die jeweilige Software.

☐ Machen Sie Ihr Umfeld auf Sicherheitsmaßnahmen aufmerksam. Zeigen Sie Lösungen auf, die bei Ihnen gut funktionieren!

Das IT-Security-Mindset

Jan Bindig

Sichere IT-Systeme sind die Voraussetzung dafür, dass kleine und mittelständische Unternehmen die Chancen der Digitalisierung stärker nutzen können. Um für die digitalen Herausforderungen der Zukunft gerüstet zu sein, müssen Geschäftsführer mittelständischer Unternehmen die Themen Digitalisierung, IT-Sicherheit und Datenschutz in den Fokus ihres geschäftlichen Handelns rücken. Zwar hat ein Großteil des Mittelstands die Bedeutung von IT-Sicherheit erkannt, die meisten fühlen sich jedoch schlecht informiert oder völlig überfordert. Jan Bindig gibt mit dem IT-Security-Mindset erstmals praxistaugliche und leicht umzusetzende Hilfestellungen.

160 Seiten | Hardcover | 19,99 € (D) | ISBN 978-3-95972-174-5

Blockchain 2.0 – einfach erklärt – mehr als nur Bitcoin

Julian Hosp

Mittlerweile sind »Bitcoin« und »Kryptowährungen« in aller Munde – doch hinter dem Begriff Blockchain steckt weitaus mehr. So sind Datenschutz, Tokenisierung, Smart Contracts und Besitz nur einige ihrer Anwendungsbereiche. Dieses Buch beinhaltet alles zu den Möglichkeiten, Potenzialen und Gefahren von dezentralen Anwendungen. Nach seinem Bestseller Kryptowährungen – Bitcoin, Ethereum, Blockchain, ICO's & Co. einfach erklärt widmet sich Dr. Julian Hosp nun der Erklärung der Blockchain auf simple Art und Weise. Daher ist dieses Buch sowohl für Einsteiger als auch Fortgeschrittene geeignet.

256 Seiten | Softcover| 14,99 € (D) | ISBN 978-3-95972-159-2